Secretos mágicos

Autoayuda

Biografía

Kala Ruiz. Conocida como «la astróloga y tarotista de las estrellas», ha dedicado más de 30 años de su carrera a investigar y a estudiar metafísica, astrología, magia blanca y esoterismo. Imparte cursos y da consultas personales con gran éxito. Es reconocida como una de las grandes astrólogas de México y ha colaborado en importantes medios de comunicación, como Tv Azteca (en el programa matutino *Venga la alegría*), TvNotas y Univision.

Kala Ruiz

Secretos Mágicos

Los rituales más poderosos para mejorar tu vida

DIANA

Diseño de portada: Alma Núñez y Miguel Ángel Chávez / Grupo Pictograma Ilustradores
Diseño de interiores: Lucero Vázquez

Bajo el sello editorial BOOKET M.R.
Avenida Presidente Masarik núm. 111,
Piso 2, Polanco V Sección, Miguel Hidalgo
C.P. 11560, Ciudad de México
www.planetadelibros.com.mx

Primera edición en formato epub: enero de 2018
ISBN: 978-607-07-4665-9

Primera edición impresa en México en Booket: mayo de 2025
ISBN: 978-607-39-2688-1

Impreso en los talleres de Litográfica Ingramex, S.A. de C.V.
Centeno núm. 162-1, colonia Granjas Esmeralda, Ciudad de México
Impreso y hecho en México - *Printed and made in Mexico*

ÍNDICE

PRÓLOGO

Los rituales sociales, religiosos o culturales suponen el inicio o transformación de una etapa que esperamos sea buena y próspera.

Recibir el bautismo, soplar las velas del pastel, poner el árbol de navidad, velar a los muertos, brindar en año nuevo, partir la rosca de reyes, celebrar 15 años de edad, vestirse de novia o pedir al cielo son mucho más que una mera tradición; son rituales de fe, de intercambio y renovación de energía, de muestras de amor y solidaridad.

Los rituales mágicos son recetas que conjuntan los elementos y la intención. Son los vehículos que elevan nuestros deseos. Son la forma del poder de la mente y la energía del amor.

Intención y atención, guiarse por el corazón y la intuición, entregarse en el proceso, experimentar el bienestar de lo deseado, usar los ingredientes precisos, aprovechar las influencias astrales y estacionales son fundamentales para lograr la magia.

Siempre he pensado que en cada persona hay un alquimista en potencia. Las mujeres somos brujas, hechiceras naturales, sabemos cómo y qué hacer para encantar. Somos curanderas, instintivamente sabemos tocar, posar nuestras manos sobre el área afectada, abrazar, reconfortar. Los hombres, por su parte, se han rencontrado con su lado sensible... con su mago interior.

De modo que, para hacer realidad nuestros deseos, ya tenemos lo principal: nuestra propia energía vital. Luego sigue el conocimiento del proceso transmutador que ha sido celosamente guardado por los sabios, astrólogos, brujas, magos y alquimistas de todos los tiempos.

La mayoría de los conocimientos mágicos son secretos, se les llama esotéricos —de adentro—. Se trata de información tan valiosa que en la antigüedad se escondía para el beneficio de unos cuantos y era custodiada por los grandes maestros.

El maestro llega cuando el alumno está listo. Si tienes este libro en tus manos no sólo estás listo, además has hecho una excelente elección. Kala Ruíz es una gran astróloga, atinadísima tarotista, consejera espiritual, bruja blanca, mujer de bien... maestra de maestras.

Que la magia sea contigo.

PITA OJEDA

Introducción

Mi querido lector, este libro nace de la necesidad de mejorar nuestra calidad de vida, de conocer todas las herramientas que la magia pone a nuestro alcance a través de los elementos de la naturaleza, los elementales y las deidades que son las que fecundarán nuestros rituales y hechizos, volviéndolos realidad. El hombre ha hecho rituales desde siempre, para agradar a los dioses, para pedir lluvia, buena cosecha, para agradecer las bendiciones y para traer hijos sanos al mundo.

Cuando haces un ritual estás frente al altar y entras dentro de ti mismo, concentrado; entonces se crea un «*momentum* sagrado» en el que logras contacto con las fuerzas de la naturaleza y con las deidades de tu fe, uniendo el cielo y la tierra; ahí radica la magia y la alquimia. Las oraciones y meditaciones sugeridas en este libro te ayudarán a fortalecer tu fe y elevarán tu plegaria hasta los reinos superiores, donde están tus aliados invisibles. Recuerda que decir las oraciones y levantar tus plegarias a los cielos en voz alta las hace mucho más poderosas por el grandísimo poder que tiene la palabra hablada. Busca un lugar específico de tu hogar para colocar tu altar, será una experiencia mística muy gratificante que traerá bendiciones y protección a tu casa.

Lo que todos deseamos es reinventarnos una y otra vez, mejorar, cambiar, fluir, abrir los caminos para ensanchar nuestra economía, para amar mejor a los nuestros y para permitir que entre un buen amor pasional. Con ese fin se ha creado este libro, para que aprendas cómo se hace un ritual, cómo crear tu altar y cómo volverte un gran mago o maga, para que recuerdes tu poder y te empoderes al máximo; para atraer a tu vida todos tus anhelos. Encontrarás también temas como: karmas personales y familiares, metafísica, magia blanca y principios de física cuántica. Porque no sólo con rituales se evoluciona, sino haciendo los cambios necesarios en la conciencia, trabajando espiritualmente sobre tus emociones y sentimientos, ya que serán ellos los que suban o bajen tu vibración y atraigan su semejante. PORQUE LO SEMEJANTE ATRAE LO SEMEJANTE.

Así que esta es una invitación para que entres al camino espiritual, tomes cursos, leas y bebas de todo el manantial de conocimiento disponible, para que nunca más seas esclavo de las circunstancias, sino que seas tú quien las escoja y seleccione para hacerlas realidad con el poder de tu imaginación y visualización creativa. Espero que este libro traiga mucha luz a tu vida, que ganes amigos, familia, dinero, alegrías y se abra tu corazón a las delicias del amor infinito de Dios-Diosa, ángeles y arcángeles. Amén.

CÓMO HACER UN ALTAR

Tener un altar personal o familiar en casa para hacer tus rituales o para ofrecer tu devoción a las deidades de tu fe es muy valioso, ya que conecta el mundo físico con el espiritual, lo mágico con lo divino. Es el lugar donde «convocas a los seres de luz». Un altar es un lugar de poder donde la energía se concentra, se dirige y se potencia. Sirve para limpiar, para enviar energía, meditar, para bendecir o para pedir alguna bendición, para orar y para hacer tus rituales. Es un lugar de meditación y paz donde puedes relajarte y entrar en tu ser. Puedes poner en él tus objetos especiales y representativos: imágenes o estatuillas de las deidades de tu fe o religión (y las de los familiares o personas que deseas proteger); con las que más te sientas identificado o protegido, como Dios, Cristo, Virgen, San Judas Tadeo, San Benito, ángeles y arcángeles, Buda, etc. Un altar siempre enriquecerá tu vida. Entre más rituales hagas en tu altar, más poderoso se volverá. Si en el piso o sillón donde te sentarás junto a tu altar puedes poner una piel de borrego, ésta se impregnará de tu energía e irá acumulando el poder de tus rituales.

PREPARACIÓN

En un altar siempre tienen que estar presentes los cuatro elementos, que son las fuerzas universales: Agua (puedes representarla con un vaso de cristal transparente, una copa roja o un florero con flores), Fuego (se representa con una vela encendida), Aire (se representa con el humo purificador del incienso) y Tierra (se representa por la superficie donde estés poniendo el altar, si es madera mucho mejor). Cuando pones los cuatro elementos ya estás haciendo alquimia. Los elementales de estos elementos son: Agua (ondinas), Fuego (salamandras), Aire (sílfides) y Tierra (gnomos), serán los que te ayuden a hacer la magia que requieres, junto a las deidades a las que les pidas protección y ayuda.

Consigue un lugar tranquilo dentro de tu hogar. Puede ser un rincón de tu habitación o sala. Si sólo dispones de una habitación, sitúalo al este de la misma. Puede servir cualquier superficie: una mesa, una tabla apoyada sobre ladrillos, la superficie de un buró o mueble.

Las velas son una parte muy importante del altar, así que siempre incluye una vela o veladora blanca (son prácticas porque tienen vaso, y puedes dejarlas prendidas todo el tiempo). Se recomienda ponerla en un plato hondo con un poco de agua, para evitar accidentes. En un altar nunca pueden faltar los cerrillos de madera. Jamás enciendas una vela de ritual con encendedor, por respeto a las salamandras, que son los elementales que viven en el Fuego. Además, la gasolina del encendedor y el plástico del que está hecho no son agradables para las entidades de luz.

Pon en tu altar una tablita para quemar incienso. Es importante tener siempre incienso a la mano, ya que su olor agrada a las deidades y, además, purifica el ambiente y lo propicia para la oración o ritual.

Pon cuarzos en tu altar, ya que son seres vivos maravillosos que almacenan la información, la amplifican y la mandan a donde tú lo desees, así que serán un valioso aliado en tus rituales.

Pon un platito con sal marina, ya que representa a la Tierra y, además, limpiará cualquier impureza y negatividad que pueda surgir en el ambiente. Cámbiala cada semana, deshaciéndola primero en el grifo de agua.

Visita tu altar diariamente, cada mañana párate frente a él y recibe el día con unos minutos de oración o de silencio. Respira profundamente, puedes hacer ejercicios de afirmaciones diarias delante de él.

En el transcurso del día, en el horario que prefieras, dedica unos instantes para adornarlo, cambiar las velas u otros elementos que así lo requieran. Al finalizar el día haz unos minutos de oración frente a él nuevamente y descansa.

Hay que construir el altar cuando la casa esté limpia y ordenada, activarlo durante el día y trabajar con él diariamente. Siempre adorna tu altar con un mantel o tela hermosa. Sólo utiliza materiales naturales, no sintéticos, en todo lo que pongas en el altar. No pongas plástico ni telas sintéticas. Trata de tener un traje «especial» para tus oraciones y rituales, para que te sientas «mago poderoso» con él. Puede ser una túnica (siempre en colores claros).

CÓMO HACER UN RITUAL

Las oraciones de cualquier ritual o pedimento no tienen que decirse o hacerse al pie de la letra; es mejor la plegaria que sale de tu corazón, platicando con tu dios o los ángeles como con tus mejores amigos. Es recomendable externar tu oración y pedimento en voz alta, para despertar la energía y el poder de la voz sonora. Al finalizar, siempre debes afirmar: «Así ha sido, así es y así será. Gracias, Padre, que ya me escuchaste».

Antes de empezar cualquier práctica, ritual o pedimento, hay que pedir permiso con tus propias palabras a las fuerzas superiores para efectuar tu magia o ritual. Ejemplo: «Pido permiso a Dios Padre y Diosa Madre, a los guardianes del Norte, Sur, Este y Oeste; a los guardianes de este lugar y a todos los ángeles y arcángeles y seres de luz divina que se sirvan acompañarme en este ritual, para que me rodeen con su luz y protección, para que sólo seres de altísima vibración lumínica hagan contacto conmigo, amén, amén, amén y amén».

Supongamos que quieres hacer una receta o ritual para el amor. Realiza una sola receta a la vez; no más de una, porque los resultados serían contrarios a lo deseado. Puedes hacer una receta de amor, otra para el dinero y otra para la salud al mismo tiempo, pero no si tienen el mismo objetivo. Cuando haces un ritual o plegaria para atraer el dinero, tienes que pedirlo para darle lo necesario a los tuyos, para hacerlos más felices y compartir tu éxito; de otra manera, no llegará. Es decir, si pides dinero sólo para ti y para tus gustos, en lugar de pedirlo para mejorar la calidad de vida de tu familia, pareja o para darles mejor vida a todos, tardará más en llegar.

CÓMO TRABAJAR RITUALES CON LA LUNA

Los rituales deben llevarse a cabo en la fase adecuada de la luna.

FASES DE LA LUNA

- **Luna creciente:** desde la luna nueva, cuando empieza a subir la luna hasta llegar a luna llena. Esta fase es propicia para realizar rituales para el amor, éxito, fertilidad, salud, cambio y progreso general, para buscar trabajo, iniciar proyectos, cambiarse de casa y empezar un negocio. Para todo lo que quieras empezar y obtener.

- **Luna llena:** es perfecta para hacer rituales de amor, prosperidad, trabajo y salud.

- **Luna menguante:** terminando la luna llena, cuando empieza a descender la luna y antes de llegar a luna nueva. Esta fase es ideal para realizar rituales para poner fin a un amor, evitar que se cometa algún acto en contra tuya, acabar con situaciones oscuras, adicciones y todo aquello de lo que quieras deshacerte.

- **Luna fuera de curso:** favorece lo rutinario, es ideal para ordenar, limpiar, tirar o sacarse de encima todas esas cosas que hemos dejado acumular (a veces un montón) en el armario, el escritorio, la cocina. Para meditar y para hacer reiki.

A la Madre Tierra, pues me mantuvo viva durante
los acontecimientos recientes, sé que ella está consciente
de mí, como yo estoy consciente de ella.

A mis hermanas, Alicia Gabriela y Sussy, ellas
se alegran con mis triunfos y sé que me acompañarán toda
la vida; a mis sobrinas, Gaby, Sussy, Manuela y Laura,
porque son las siguientes generaciones de esta familia
en las que la magia seguirá echando sus raíces.

A todos los grandes amores de mi vida, tanto a los que
se convirtieron en príncipes como a los que se quedaron en
"sapos", porque gracias a ellos soy mujer.

A mis padres, que ya están al otro lado del velo, quienes
seguramente gozarán mucho este hijo de papel y letras.

A Grupo Planeta, por su apoyo, confianza y empatía con mi
esencia y con mi trabajo creativo mágico.

Te lo dedico a ti, querido lector, porque son tus ojos
los que se posan sobre estas páginas y permiten
que la alquimia produzca su hechizo de alta magia.

Amor y paz para toda la humanidad,
amén, amén, amén y amén.

RITUALES PARA EL AMOR

INTRODUCCIÓN

Lo más importante para que funcionen los rituales de amor es tener la disposición de mente, cuerpo y alma para realizarlos y recibir el milagro. Muchas veces decimos «sí quiero tener pareja» y en el fondo no queremos; por miedo, por vergüenza de nuestro cuerpo, por exceso de trabajo, por los hijos o la precaria situación por la que estamos pasando. Y sin querer creamos un caparazón sobre nuestro campo áurico (tu aura, los siete cuerpos sutiles que van desde la superficie de tu epidermis hasta varios metros alrededor). Entonces es imposible que algo se acerque, tanto lo bueno como lo malo.

En el libro *El maestro y las magas*, de Alejandro Jodorowsky, él cuenta lo mucho que sufrió en su infancia y los golpes que le dio la vida en su juventud, al grado de haber creado una coraza dura y resistente que no permitía la entrada del amor. Las maravillosas magas que encontró a su paso fueron las que, con mucho amor, le ayudaron a romper esa coraza.

Una de ellas, poderosísima mujer, le hizo a Alejandro el siguiente ritual para ir desprendiendo esa capa gruesa: durante siete largas sesiones lo metía a remojar en una tina con agua muy caliente; ahí lo dejaba hasta que se reblandecía su piel. Luego tomaba un cuchillo de hueso (lo venden los artesanos, también es muy útil el cuchillo de obsidiana; ambos los encuentras en Teotihuacán) y lo pasaba por su cuerpo, limándolo, como quien quita las escamas de un pescado. Así, tanto etérica como físicamente, se iba removiendo esta capa que él mismo se había impuesto «para no sufrir». Después de esos siete maravillosos baños, más otros encuentros con hermosas nodrizas y magas, al final se pudo abrir al amor.

Muchas veces cerramos el corazón porque hemos sufrido malas experiencias, desamores, despedidas o heridas profundas. O porque llevamos mucho tiempo solos y ya no sabemos cómo volvernos a abrir. El amor es un acto de voluntad. Es para valientes, y hay que arriesgarse. En ocasiones te rechazarán o no le gustarás a la persona que te atrae. Pero así es el juego del amor. Uno lanza sus flechas y a veces *¡bingo!*, le atinas a la persona que te puede corresponder; otras veces no sucederá. Si es lo último no pasa nada, simplemente hay que seguir y buscar a alguien más. Una vez me dijo mi terapeuta de aquellos tiempos, un chamán maravilloso, Alberto: «Ve en primavera a ver a los animales del zoológico, y observa su danza ritual de conquista y apareamiento». Es una verdadera joya, te recomiendo que lo hagas alguna vez.

Cuando llegué a la jaula de los lobos (con los que me identifico mucho), me di cuenta de que estaban en un lugar apartado del resto de los animales. Entre ellos se llevaban muy bien, retozaban y jugaban muy sensualmente y por largo rato, antes de empezar el acto sexual. Sin prisas, con mordiditas y abrazos, rodando por la tierra, muy a gusto unos con otros. Los lobos son únicos, no habría manera de que un lobo coqueteara con un chimpancé o con un hipopótamo, no. «Los lobos andan con lobos».

Ahí me di cuenta de que por querer «camuflarme» con algo que no era, ya sea por «encajar» en la sociedad o por tratar de ser una niña bien portada y educada, me había convertido en algo que realmente no era: estaba buscando desesperadamente el amor en la jaula equivocada. Muchas veces, por falta de autoestima, buscas en el sótano un amor y ahí no hay nada, nadie que te entienda ni aprecie lo que realmente eres. Tendrás que buscar a tu pareja en la jaula de los tuyos, de tu misma tribu. Ellos te aceptarán de inmediato y captarán tus cualidades y las valorarán.

Querido lector, ábrete nuevamente al amor, porque como decía mi compadre, el gran músico Juan Ardila, que en paz descanse: «Más pierde quien deja pasar una pasión que quien la goza». Espero que este libro te abra nuevamente al amor, que encuentres a tu alma gemela o a almas afines con quienes pasarla divino en este tránsito llamado Tierra. Y como dice una amiga querida, Norma Hilda Castañares: «Mientras llega tu media naranja, hay que irse comiendo unas mandarinas».

I

ATRAE EL AMOR VERDADERO

Cuando estás solo por mucho tiempo, triste y sin pareja; o cuando la tienes pero hay desamor y poca pasión, tu cuerpo deja de producir feromonas, que son las que «atraen» a través de la nariz; entonces los demás no te notan, no atraes el amor ni la suerte. Por ello tienes que ayudarte con los maravillosos elementos de la naturaleza como la miel, los pétalos frescos y rojos de las rosas (los compras por bolsa con los floristas en el mercado, es más económico que comprar un ramo de rosas, sólo compras los pétalos) y perfume de feromonas. Con esta sencilla pero poderosa receta atraerás el amor verdadero a tu vida, o al menos muchos pretendientes, si es lo que deseas. La vibración de las rosas rojas es muy alta y es lo que atrae el amor. La miel es un regalo para la vida, todo lo cura y mejora, lo endulza y le da calor, también hace que venga el amor dulce y no agrio. Concéntrate bien, haz el ritual un día que te sientas inspirado, que nada te moleste. Pon música suave, prende un incienso de rosas. Báñate antes para que estés limpiecito energéticamente.

Este ritual deberás hacerlo en luna creciente o luna llena, para que el amor venga a ti.

MATERIALES

- 1 litro de miel virgen (de la mejor que encuentres)
- 1 bolsa mediana de pétalos de rosas rojas
- 1 perfume de feromonas
- 1 incienso de rosas
- 1 jícara (o cuenco pequeño)

PREPARACIÓN

Llenas con agua la olla más grande que tengas, le pones todos los pétalos de rosas rojas y lo dejas hervir. Notarás que los pétalos quedan blancos porque sueltan la tintura de la flor; cuando esto suceda, cuela el agua para quitar los pétalos y viértela en una cubeta. Te llevas al baño la cubeta, el litro de miel ya destapado y la jícara; y te metes desnudo a la regadera. Acabas de llenar tu cubeta con agua calientita a tu gusto. ¡Ya estás listo para empezar el ritual! Empiezas a verter el líquido de la cubeta con la ayuda de la jícara, de la cabeza a los pies... poco a poco, despacito... Sintiendo la fragancia y la delicia de la vibración de estas benditas flores, a las cuales debes agradecer su ayuda para este ritual. Dices en voz alta a las flores mientras las viertes: «Gracias, gracias, gracias, bendiciones» (varias veces hasta que termines de verter el líquido). Recuerda rociar muy bien tu zona sexual, por delante y por detrás, porque es justamente la zona que queremos activar. Cuando termines, tomas el litro de miel y te lo echas poco a poco de cabeza a pies y en las zonas sexuales, gozando de la exquisita experiencia sensorial. Mientras lo haces, repites varias veces en voz alta:

> *Yo abro todos mis canales de amor, para que llegue mi alma gemela, esto es cierto, real y positivo, es un hecho y hecho está. Gracias, Padre, que ya me escuchaste.*

Lo repites constantemente mientras esparces la miel por todo tu cuerpo, cabello, cara, pechos, etc. Además, tu piel quedará divina, tonificada y suave. Tómate todo el tiempo que necesites, sin prisa y visualizando cómo se abren tus canales y el amor va llegando a ti, en tiempo presente, acercándose ya, justo en este momento.

Al terminar te enjuagas únicamente con agua, hasta el día siguiente puedes utilizar jabón. Hazlo tres viernes seguidos. Ya que el viernes es el día de Venus, la diosa del amor y la belleza.

Si quieres potenciar aún más los efectos, ponte perfume de feromonas todos los días, desde el inicio del ritual hasta terminar el frasco. La feromona no es económica, pero vale la pena, sobre todo si llevas mucho tiempo solo, reactivará tus propias feromonas El perfume es muy potente, atrae tanto el amor como el éxito. Serás visto y deseado. ¡Es fantástico! Si no tienes el presupuesto, entonces con el baño de tres viernes consecutivos bastará.

Te deseo un buen amor y que goces de tu sensualidad al máximo, lleno de realización infinita. Recuerda que tu mente es el árbol de los deseos, desea con tu corazón y desde el estómago un bello amor... déjalo entrar. Hecho está, amén, amén, amén y amén.

II

RENUEVA LA PASIÓN Y EL AMOR CON TU PAREJA

Si estás en una relación en la que él o ella se han distanciado, o si estás empezado una relación y la persona que te interesa no acaba de decidir, entonces te servirá de maravilla esta receta, ya que endulza las relaciones. Este sencillo pero poderoso hechizo es muy efectivo, tomando en cuenta las propiedades mágicas y benditas de la miel. Las fotos tienen la esencia de la persona fotografiada, así que serán suficientes estos dos ingredientes para lograr que tu amor se vuelva a acercar.

Realízala en luna creciente.

MATERIALES

- Un poco de miel
- 1 frasco pequeño de vidrio
- 1 foto donde estén tú y la persona que te interesa (si no quieres echar a perder la foto, puedes escanearla y usar esa copia)
- 1 pluma de tinta azul
- Un poco de tu perfume

PREPARACIÓN

En el reverso de la foto, ya sea original o escaneada, escribes los nombres y apellidos completos de los dos. Pones miel en el frasco pequeño de vidrio, no hasta el tope, pero sí suficiente para sumergir la foto donde están tú y tu pareja o pretendiente. Una vez sumergida la foto, le soplas tres veces al frasco, para darle tu aliento, y dices tres veces en voz alta el nombre de pila de tu amado en sílabas. Por ejemplo: «Ri-car-do, Ri-car-do, Ri-car-do... Ven a mí» (visualizando el rostro de tu ser amado). Luego rocías un poquito de tu perfume en el frasco.

Colocas el frasco en un lugar donde nadie lo vea, ya sea en tu closet o tu baño, tratando que el lugar no sea muy oscuro. Todos los días sacas tu frasco y repites tres veces en sílabas y en voz alta el nombre de tu amado y «Ven a mí».

Prosigue todos los días hasta notar mejoría y aun cuando ya no necesites repetir el nombre en voz alta porque ya está a tu lado, puedes conservar el frasco para que siga endulzada la relación. El día que decidas deshacerte del frasco, lo pones bajo el grifo hasta que se deshagan la miel y la foto, lavas muy bien el frasco y lo tiras.

III

ABRE LOS CAMINOS DEL AMOR

Vamos a trabajar con la diosa Venus, reina del amor y la belleza. Con este ritual retirarás los obstáculos que impiden que encuentres el verdadero amor. Te abrirá los ojos para que sepas ver cuando ya llegó.

Realiza este ritual un viernes a las 22 horas (nunca en luna llena). Es ideal comenzarlo un día en que la luna esté en su fase cuarto creciente, ya que esa luna hace fertilizar y expandir todo lo que le pidas.

MATERIALES

- 1 botellita de aceite de mirra (que no contenga alcohol)
- 1 botellita de aceite de sándalo
- 1 botellita de aceite de rosas
- 3 velas de color verde
- 1 paño de color rosado
- 1 recipiente de vidrio transparente
- 1 candelabro
- 1 palita de madera
- Cerillos de madera
- 1 botellita o perfumero de vidrio vacío con tapa

PREPARACIÓN

Después de bañarte vístete de rojo o de rosa. Sobre tu mesa del altar coloca un mantel o paño rosado y las tres velas verdes en el candelabro, o bien, en platitos. Ahí pones el recipiente de cristal transparente y en él mezclas los aceites de mirra, de rosas y de sándalo, con la ayuda de una pequeña palita de madera. Ahora llena de ese rico aceite tus manos y aplícalo generosamente por todo el cuerpo; sobre todo detrás de las orejas, en la nuca, en las muñecas, corvas de las rodillas, órganos sexuales y tobillos. Ahora embarras las tres velas de color verde con la misma mezcla aromática de aceites, las vuelves a colocar en tu altar y las prendes con la ayuda de los cerillos de madera.

Haz tres respiraciones profundas, suelta todas las tensiones, concéntrate en lo que estás haciendo. Puedes poner en el altar una foto que recortes de una revista, ya sea de algún modelo o artista, del tipo de hombre o mujer que te gustaría que llegara a ti. Observa la flama de las velas y ve cómo se ilumina la foto. Imagina que surge de las velas y de la foto una luz verde que te rodea; inspira ese color verde, ya que es el color del chakra del corazón que está en medio de tu pecho. Permite que entre y anide el amor. Trata de abrir tu corazón y deja entrar a ese amorcito que ya es tuyo. Visualiza esa luz verde entrando por tu nariz y recorriendo todo tu cuerpo, desde la cabeza hasta los pies, sintiéndote muy relajado y en paz, como si esa persona de la foto te estuviera acariciando por dentro y por fuera (usa tu imaginación y visualización). Te pones las manos en el corazón y te dices en **voz alta a ti mismo**: «Ya estoy listo/a y preparado/a para abrirme al amor. Le abro las puertas de mi corazón al verdadero amor que está llegando. Me doy permiso, aquí y a partir de este instante, de amar y ser amado, correspondido y adorado. Amén, amén, amén y amén».

Dices en voz alta la oración a la diosa Venus:

Oh, Venus, tu consuelo busco.

Sé que enviarás a mí a la persona que me acompañará en mi viaje, pero mis ojos están ciegos para verla.

Oh, Venus, enséñame a encender la luz del sendero oculto y abre mis ojos para encontrar la llave que abra la puerta de la emoción y del corazón, del amor compartido; un alma afín a la mía para vivir felices, agradeciendo el encuentro.

Oh, Venus, ilumíname con tu luz, sube mis antenas para reconocer a mi alma gemela cuando la vea y que él (o ella) me reconozca a mí. A partir de este momento saco de mi chakra del corazón (en medio del pecho) un arcoíris que me cubre y llega hasta donde se encuentra ahora mi verdadero amor, y ese arcoíris servirá de puente para que él (o ella) cruce y llegue hasta mí. (Visualizas el arcoíris saliendo de tu corazón y llegando hasta donde está la persona que se parece a la de la foto que pusiste en el altar.)

Le pido a mi ángel de la guarda y a su ángel de la guarda que se pongan de acuerdo para el pronto encuentro (imaginas que tu ángel de la guarda y el de tu alma gemela están bajando y se ponen de acuerdo para el encuentro. Escucha su conversación y averiguarás dónde será el encuentro; si en el trabajo, en un banco, en la calle, fiesta, alguien te lo presentará, etc. Lo sabrás por la conversación de los ángeles). Gracias, amados ángeles, por su ayuda para nuestro encuentro. Gracias, Dios-Diosa; gracias, Venus, reina del amor y la belleza. Gracias a todos estoy lleno(a) de amor complacido.

Vacía los aceites en una botellita con tapa y a partir de ese día usa diario la mezcla de aceites generosamente en todo tu cuerpo. Realiza este ritual durante tres viernes consecutivos. Llegará tu alma gemela.

IV

ROMPE LA CORAZA DE LA SOLEDAD

Si sientes desamor, si tu corazón es un cementerio lleno de cruces por los desencantos de amores que te pagaron mal, si llevas mucho tiempo solo y nadie voltea a verte, este ritual es perfecto para ti. Realizalo en luna llena o luna creciente, nunca menguante.

MATERIALES

- 1 jabón de chocolate
- 1 incienso
- Exfoliante de chocolate

PREPARACIÓN

Te bañas con el jabón y al final utiliza el exfoliante. Como tiene azúcar, quedarás suavecito y atraerás el amor por las propiedades del chocolate. Te pones una bata abierta, que sea hermosa, y sandalias que te hagan sentir bello. Pones música sensual e incienso del aroma que te agrade. Asegúrate de que nadie te moleste durante la próxima media hora cuando menos. Colócate enfrente del espejo, donde te veas completo o, al menos, la mitad del cuerpo. Mírate a los ojos fijamente, acéptate tal como eres y siéntete bello.

Di en voz alta frente al espejo:

> *A partir de hoy decido ser visto, amado y deseado (si eres mujer lo dices en femenino; te quitas la bata y sigues viéndote y acariciándote frente al espejo). Yo soy irresistible para esa persona que ya me está buscando, para compartir amor, sensualidad, calor de hogar, risas y gozo. Sintonizo mis antenas (que son tu cabello) con sus antenas y a través de ellas nos encontramos aun a kilómetros de distancia. A partir de hoy nos iremos acercando cada día más y más hasta que tenga su cuerpo junto al mío. Cassiel arcángel, Cassiel arcángel, Cassiel arcángel, Chamuel arcángel, Chamuel arcángel, Chamuel arcán-*

gel; ustedes que están encargados de la flecha de cupido del amor conyugal, flechen mi corazón y el de mi amado y en un dulce abrazo marchemos juntos el camino de la vida. Que el encuentro se realice ya, ahora, cuanto antes, en este mismo año, en este mismo mes. Merezco el amor, soy amor, mi cuerpo está desnudo y listo para dar y recibir la mejor calidad de amor. Gracias, gracias, gracias, gracias, amén, amén, amén y amén.

Usa todos los días el jabón de chocolate hasta que se termine; el exfoliante, al menos una vez a la semana hasta terminarlo. Quedarás deliciosamente atractivo para el encuentro amoroso, que ya está llegando ahora...

V

DESHAZTE DE LOS CELOS

Los celos son inseguridad, temor a perder al ser amado. La persona que sufre celos no goza su relación, ya que siempre está pensando que su «amorcito» está con alguien más. Los celos enfermizos terminan con las relaciones y destruyen el hogar. Aquí te ofrecemos un ritual que, si lo haces con fe y con el corazón abierto, te ayudará a deshacerte de esos horribles celos.

Realiza este ritual en luna menguante.

Se recomienda bailar cuando menos media hora en la sala de tu casa, poniendo la mente en blanco y soltando el cuerpo para descansar la mente y relajarse de tensiones. Hazlo libremente y con alegría.

MATERIALES

- 1 nuez moscada
- Pétalos u hojas de jazmín
- 1 cucharadita de aceite esencial de lavanda
- 3 hojas de perejil
- 5 semillas de manzana verde
- 1 paño o mantel blanco grande
- 1 paño pequeño rojo, de unos 10 cm de lado
- 2 trozos de cadena de plástico delgada unidos al centro
- 2 carbones litúrgicos (cómpralos donde venden artículos religiosos)
- 1 incienso del aroma que te agrade
- 1 sahumador pequeño
- Lápiz y papel
- Cerillos de madera
- 1 vela blanca (en un platito hondo con un poco de agua por precaución)
- 1 bolsita de copal

PREPARACIÓN

Este ritual lo debe realizar la persona que sufre de celos. Pon tu altar con los cuatro elementos: Agua, Aire, Fuego y Tierra. Adórnalo con un mantel o paño blanco.

Enciende el incienso. Escribe en una tira de papel diez virtudes de ti mismo. Por ejemplo: bondad, inteligencia, simpatía, etc. Ahora, en otra tira de papel, escribe diez defectos que quieras cambiar; sé honesto, escribe esos que provocan el rechazo de los demás. Empieza tu lista con los celos. Dentro del sahumador, coloca el carbón. Enciende éste y la vela con cerillos de madera. Ahora echa el papel con tus diez peores defectos al fuego y, mientras se quema, ponle un puñito de copal, lavanda, perejil (en cachitos), semillas de manzana verde y flores de jazmín. Enseguida, haz la siguiente oración en voz alta:

> *Por los poderes que les fueron conferidos por Dios mi Padre a estos elementos benditos... Pido que las fuerzas del universo me ayuden a eliminar las emociones negativas y los celos. Que así como el fuego convierte este papel en humo y cenizas, mi deseo y voluntad puedan ayudarme a vencerlas. Porque esa es mi decisión, en libre albedrío decido dejar aquí, en estas cenizas, mis celos y todas las tendencias de carácter negativas que están impidiendo mi total realización en el amor y como ser humano.*
>
> *Amado San Antonio de Padua, guíame para aumentar mis virtudes, ilumina a mi pareja (nombre completo de tu pareja) para que pueda apreciarlas. Tengo cualidades positivas y sé que con tu ayuda seré mejor cada día. Te pido con devoción y humildad, que (nombre de la pareja) abra su corazón, su mente y sabiduría para ver mis cualidades. Sé que mis valores le atraen y que me ha elegido a mí. Ayúdame a confiar y a subir mi autoestima, amado San Antonio de Padua. Con mis cualidades y mi voluntad lograré que permanezca a mi lado. Intercede por mí ante Dios nuestro señor, gracias, gracias, gracias de antemano, por tu valiosa y santa ayuda.*

Cuando el fuego se apague solo y se enfríen las cenizas, vacíalas en el centro del paño rojo. Coloca también la nuez moscada, los dos cachos de cadenas de plástico unidas por el centro y la tira de papel en la que escribiste tus cualidades positivas. Guárdalo en un lugar donde sólo tú puedas verlo.

Cada vez que sientas celos y la inseguridad altere tu armonía, toma el paquete rojo y póntelo contra el pecho, sobre la piel, recitando la plegaria en voz alta.

RITUALES PARA EL TRABAJO

Introducción

Para lograr un buen trabajo hay que sentir que te lo mereces; lo hemos escuchado mil veces, pero... ¿cómo le hago para sentir que lo merezco? Haz la siguiente reflexión: eres una buena persona, te importa tu familia, no agredes a la sociedad de ninguna manera y prestas tu ayuda cuando hace falta, ¿verdad?

Recuerda que estamos hechos de polvo de estrellas, de pequeñas partículas que se desprendieron del Big Bang cuando empezó la creación. ¿Puedes siquiera pensar que el mar es malo, que Saturno o Venus son egoístas o que las montañas no son amables?

Entonces, ¿cuándo empezaste a percibirte como «mala persona» o cuándo empezaste a sentir que no vales la pena y que no mereces lo mejor? Quizá fue por la educación que recibiste, puede ser que alguno de tus padres te dijera palabras que quedaron tatuadas en tu alma, tal vez no recibiste la atención deseada y por eso te sientes «inadecuado». A lo mejor fue algo «no tan grave», pero para tu tierno corazón sí lo fue y te dejó marcado. Quizá desde tus abuelos te han repetido que «tienes que fregarte mucho y esforzarte demasiado para lograr algo de dinero y un trabajo respetable».

Habría que empezar por sacudirte todas esas creencias, porque eso es lo que son, «creencias». No forman parte de tu esencia, son aprendidas y puedes quitártelas cuando lo decidas. Para eso son los cursos espirituales y metafísicos, para que aprendas que «eres lo que piensas» y que aquello en donde pones tu atención y mente es lo que se materializa y te sucede.

Si estás buscando trabajo o deseas uno mucho mejor, que de tu boca no salgan palabras que digan lo contrario. Es decir, no cuentes constantemente a los demás o a tus amigos lo mal que te va en el trabajo, lo mucho que sufres porque no tienes trabajo, la falta de dinero que estás experimentando... porque estás fortaleciendo esa idea cada vez que lo dices, y más cuando alguien lo oye, atraes justamente aquello que no quieres, porque sólo piensas en lo mal que te va. Es mucho mejor pensar en lo que sí quieres, poner tu mente en eso que quieres que venga. Tienes que «cocinar» mentalmente tu presente y tu futuro, pensando y sintiendo con alegría ese trabajo que estás buscando, imaginándolo en tiempo presente como si ya estuviera sucediendo.

Sabes que soy tarotista y astróloga, periodista espiritual y *coach* en desarrollo humano mágico. Me dedico desde hace más de 40 años a ello y, aunque me gusta mucho lo que hago, lo que más me gusta hacer es escribir. Por fin, decidí que quería dedicarme a mi gran pasión. Como ya lo había decretado, al cabo de dos semanas recibí la llamada de editorial Diana para escribir este libro; así opera la magia. Primero tienes que decidir en tu mente lo que realmente te gusta hacer y con qué tipo de trabajo te sentirías plenamente feliz.

Cuando estés decidiéndolo, hazlo con alegría e involucra todos tus sentidos; es decir, que todo tu cuerpo vibre cuando lo estás «cocinando» en tu mente, con la ayuda de tu visualización creativa. Imagina en qué colonia te gustaría trabajar, que sea cerca de tu casa, o incluso trabajar en casa. Qué tipo actividad sería la más acertada para este momento de tu vida. Si deseas permanecer en el mismo tipo de actividad que ahora haces o quieres cambiar de giro. Mantén esa idea fija en tu mente, con la seguridad de que ya lo estás cocinando, estás moviendo Aire, Fuego, Agua y Tierra dentro de ti, mandando la señal clara al universo, que en este instante empieza a confabular y energéticamente atrae justo eso que está en tu mente.

Entonces, querido lector, te propongo que tomes algún curso espiritual, que vayas a un terapeuta para que te ayude a cambiar esas zonas estancadas de tu prosperidad y que leas e investigues mucho de metafísica y física cuántica. Ya crecimos y ya no podemos seguir culpando a nuestros padres, ya podemos y debemos tomar las riendas de nuestra vida y hacer algo al respecto. HAY QUE DESPERTAR y recordar que SOMOS LO QUE PENSAMOS.

I

INCREMENTA EL TRABAJO Y LA ECONOMÍA

Si no te rinde el dinero, si sientes que te cuesta trabajo levantarte para ir al trabajo y no te gusta lo que haces; si no tienes buena paga y no puedes pagar tus cuentas; quizá tengas muchas envidias o celos y por eso tu trabajo no te está dando los frutos que debiera. Aunque no lo creas, tanto los celos como las envidias descomponen enormemente la economía y zona laboral, poniéndo obstáculos en el camino. Para deshacerte de esas energías, haz este ritual en luna menguante.

MATERIALES

- 1 recipiente que resista el calor (barro o cerámica)
- 1 vela blanca
- 1 bolsita de azufre (en polvo)
- 1 bolsita de mirra (en resina)
- 1 bolsita de estoraque (resina)
- 1 carboncillo
- Cerillos de madera

PREPARACIÓN

Realiza este ritual un jueves (día de Júpiter, el benefactor) en luna menguante. Abre todas las ventanas de la casa. En el lugar central de tu hogar (el recibidor o pasillo), coloca en el suelo, sobre una tabla para cosas calientes (para no quemarlo), un recipiente de barro o cerámica resistente al calor. Pon dentro de él un carbón vegetal de prendido instantáneo y enciéndelo con la ayuda de los cerillos de madera. Prende la vela. Poco a poco vas echando tres pizcas de resina de mirra, tres piscas de azufre (que arrasa con todo) y por último tres pizcas de estoraque. Luego dices en voz alta:

Ofrezco hoy estos inciensos a todos los seres de luz que se sirvan ayudarme a desterrar los celos y la envidia de mis detractores y aun de quienes dicen quererme, pero no aguantan mi éxito. A través de este humo sagrado destierro todas las energías discordantes, celos y envidia. Salen de mi casa, de mi vida y de mi experiencia. Se restablece el flujo sagrado del dinero, llega a mí en abundancia a partir de estos momentos. Atraigo la prosperidad y el bienestar económico, mi lugar de trabajo se vuelve amable y sociable. Ninguna maldad de enemigos visibles o invisibles puede cortar mis caminos ni anular mis posibilidades de éxito. A partir de este momento, por la gracia de Dios Padre y la Madre Tierra y sus elementales, así como con la ayuda de todos los ángeles y arcángeles celestiales que están a mi derecha, izquierda, arriba y abajo, custodiándome día y noche; soy inmune a la maldad, a la mala suerte y a los desastres de quienes quieren arruinar la economía de mi casa y que permanezcan lejos de mí y de mi entorno. Son lanzados fuera de mi vida y experiencia AHORA. *(Haces ademanes como si estuvieras corriendo a alguien de tu casa. Te paras en la puerta de tu casa, abres la puerta y sigues diciendo):* FUERA, FUERA, FUERA, POR EL PODER DE DIOS-DIOSA, POR EL PODER QUE ME FUE CONFERIDO DESDE MI NACIMIENTO, CON TODA POTESTAD, FUERA, FUERA FUERA. *(Cierras la puerta.)*

Y sello para siempre las puertas del mal... amén, amén, amén y amén. Que así sea. Que así sea. Así es.

Deja la vela encendida por un rato, luego apágala sofocándola (nunca soplando) y guárdala. Te servirá para otros trabajos de limpieza.

Notarás la diferencia desde el primer día; te sentirás mucho más a gusto en tu zona de trabajo, o bien, te ofrecerán el trabajo deseado. Además, el dinero empezará a rendirte y tus enemigos se irán.

II

ENCUENTRA TRABAJO Y SÉ EXITOSO

Prepara tú mismo un amuleto para conseguir un buen trabajo, o bien, para conservar el que ya tienes. Experimentarás éxito profesional y aumentos rápidos. Hacerlo tú mismo es parte importante del ritual y lo hará más efectivo.

Realiza este ritual en luna creciente.

MATERIALES

- 3 piedras planas y lisas chicas
- 1 bolsita verde para meter el amuleto
- 1 vela amarilla
- 1 incienso de estoraque
- 1 botecito de pintura verde opaca
- 1 pincel delgado
- Cerillos de madera

PREPARACIÓN

En un miércoles (día de las comunicaciones, regido por Mercurio) en luna creciente, coloca tu altar con los cuatro elementos (Agua, Aire, Fuego y Tierra). Adorna la mesa de madera con un mantel o trapo verde. Coloca ahí las tres piedritas y todos los demás materiales; prende la vela con los cerillos de madera y el incienso de estoraque, que sirve para el dinero. Toma las tres piedritas planas en tu mano izquierda y pásalas cerca de la flama de la vela para limpiarlas y luego también por el humo del incienso, al tiempo que dices en voz alta:

Amados elementales de la Tierra, les pido con todo mi corazón que eleven la energía de este amuleto que voy a confeccionar. Con la ayuda del Fuego Bendito (las pasas por las velas), con la ayuda del Aire Bendito (las pasas por el humo del incienso). Con la ayuda de la Bendita Agua (las pasas cerca de la copa con agua que tienes en la mesa), que se eleve la energía de este amuleto que voy a confeccionar. Invoco la presencia del Dios y de la Diosa para que me ayuden y autoricen mi pedido.

Señor y señora, les quiero pedir que abran mis caminos y pueda conseguir un buen trabajo remunerado. (Lo dices tres veces en voz alta y cada vez que lo dices, le soplas a las piedras que están en tu mano, dándoles tu vaho.)

Toma la primera piedra y graba con el pincel y la pintura verde el símbolo de la runa celta *fehu* (sólo el símbolo). Te traerá buena fortuna, trabajo y dinero.

Ahora toma la segunda piedrita y pinta el símbolo de *ansuz*. Te traerá sabiduría y éxito en el trabajo y la profesión.

Y por último, toma la tercera piedrita y pinta el símbolo de *jera*, para que no te falte cosecha, recompensa y emprendimiento laboral con abundancia y éxito.

Dejas secar las piedritas. Al secar las guardas en la bolsita hermosa y ya está listo tu talismán. Duerme con él bajo la almohada al menos durante una semana y siempre llévalo contigo, ya sea en el bolso o en el portafolio. Verás que la señora fortuna laboral llegará de inmediato.

III

CONSERVA Y PROTEGE TU TRABAJO

Si tienes dudas sobre si te quedarás en el trabajo, crees que te van a correr o si hay recorte de personal, este ritual te ayudará a conservarlo.

Haz este ritual en luna llena.

MATERIALES

- 1 vela verde (sirve para salud, trabajo y dinero)
- 1 puñado de sal gruesa
- 1 puñado de sal fina
- 1 cuenco
- 1 vaso con agua
- 1 billete de la más alta denominación que tengas en el momento de realizar el ritual
- Cerillos de madera
- 1 botellita de agua bendita

PREPARACIÓN

Siéntate y pon frente a ti la vela verde, enciéndela con cerillos de madera. Mirando fijamente la flama, concéntrate en el objetivo que quieres lograr (conservar tu trabajo). Si tienes una hoja membretada o tarjeta personal membretada con el logo de la empresa, mucho mejor; ponla en la mesa debajo de la vela. Coloca el billete sobre una mesa y pon el cuenco sobre el billete. Toma un poco de sal gruesa con la mano izquierda y repite en voz alta: «El trabajo que tengo lo conservaré (repítelo tres veces). Tengo un trabajo maravilloso que me da abundancia ilimitada y armonía en mi vida (repítelo tres veces)». Ahora tira la sal gruesa dentro del cuenco. Toma un poco de sal fina, con la mano izquierda, y repite la misma oración y el mismo procedimiento.

Tira un pequeño chorro de agua bendita encima de la sal, con mucho cuidado para que el billete no se moje. Sumerge los dedos en el agua y mójate la frente; mientras te persignas dices en voz alta: «En el nombre del Padre, del Hijo y del Espíritu Santo. Por la potestad que me has dado como tu hijo (o hija) desde mi nacimiento, hoy reclamo ese poder y el derecho a un buen trabajo bien remunerado para mi más alto bien y el de toda la humanidad. Amén, amén, amén y amén».

Enrolla el billete en el papel membretado de la empresa para la que trabajas y dóblalo de manera que te quede un cuadrado. Deberás llevarlo contigo mínimo por una semana, ya sea en tu bolso o en el portafolio, y por la noche ponerlo debajo de tu almohada.

Apaga la vela sofocando el fuego (nunca soplando) y repite este ritual durante los próximos dos días. Lleva contigo el envoltorio del papel membretado y el billete los dos últimos días del ritual. Podrás usar este talismán todo el tiempo que sea necesario.

IV

CONSERVA BUENA REPUTACIÓN Y PRESTIGIO

Muchas veces las propias empresas para las que trabajamos son las que nos impiden seguir subiendo, porque no les conviene que aspiremos a más. Otras veces somos víctimas de chismes y difamación por parte de compañeros o jefes. O bien, esto puede suceder en nuestro ámbito social. Este ritual te devolverá tu prestigio y empezarán a valorarte como mereces.

Te recomiendo que lo hagas en luna llena, o bien, en luna vacía de curso. La llamada luna «negra» es sumamente poderosa para este tipo de rituales.

MATERIALES

- 1 papel membretado de la empresa en cuestión
- 1 tarjeta de presentación tuya o tu nombre completo en un papel (también puedes crear en ese momento una atractiva tarjeta de presentación)
- 1 vaso pequeño de vidrio transparente con leche
- 1 espejo
- 1 maraca

PREPARACIÓN

En luna llena o luna negra, no importa que sea de día, colocas al aire libre el espejo viendo hacia arriba en el piso o en una mesita. En él pones el papel membretado de la empresa que te está tratando mal o la que desearías que reconociera tus habilidades y trabajo. El espejo deberá ser lo suficientemente grande para abarcar el papel membretado (aunque éste lo puedes doblar en cuatro) y que todavía quede espacio en el vidrio donde se refleje el cielo.

Arriba del papel membretado pondrás el vaso con leche, y dentro de él tu tarjeta de presentación con todos tus datos.

Danza y suena la maraca, mientras das cinco vueltas alrededor del espejo, donde están todos los demás materiales, y di en voz alta:

> *Por el poder del número siete, por el poder de las estrellas, la luna y el sol, por el poder de los cuatro elementos de la naturaleza: Aire, Agua, Fuego y Tierra, pido a la Madre Tierra y a todos sus elementales que se sirvan ayudarme en este pedido. Que esta leche bendita lave mi nombre, lave mi nombre, lave mi nombre y regrese a mí la fama y el prestigio, me regrese fama y prestigio, fama y prestigio, y sean selladas para siempre las lenguas viperinas. Que mi nombre sea lavado por el poder blanco de la leche, que mi nombre sea lavado por el poder blanco de la leche, el poder blanco de la leche lava mi nombre. YO (tu nombre y apellido completo), que vivo en (dirección detallada), en la ciudad de (ciudad o entidad en la que vives), vengo a solicitar por ley divina, por justicia divina, la restauración de mi prestigio. Hecho está, hecho está, hecho está, amén, amén, amén y amén.*

Dejas ahí todos los ingredientes por dos días más, serán tres en total. Después puedes retirar y lavar los utensilios.

V

ATRAE UN MEJOR PUESTO Y ACERCA A TUS COLEGAS

La canela es una gran bendición para la humanidad, porque atrae dinero, trabajo y al mismo tiempo amor. Así que esta loción, al atraerte trabajo, lo hará con buena economía y, además, las personas con las que trabajes te querrán mucho.

MATERIALES

- 5 vainas grandes de canela
- 1 olla grande con agua
- 1 botella de plástico con atomizador

PREPARACIÓN

Pones a hervir las siete vainas grandes de canela, las mantienes a fuego lento, después las cuelas y dejas enfriar. Vacías el contenido en una botellita con atomizador (lo que te sobre guárdalo en otra botella para que puedas volver a usarlo) y atomizas toda tu casa, sobre todo tu sala, cocina, baño y recámara. Si tienes trabajo ahora, esparce la mezcla por tu escritorio y alrededor. Antes de salir de tu casa, échatelo como si fuera tu perfume favorito. Olerás rico y al mismo tiempo estarás atrayendo trabajo, dinero y amor. Cuando salgas a pedir trabajo, pon en tu bolso varias vainas de canela y espolvoréalas por el camino, hasta llegar a tu destino.

RITUALES PARA LA ABUNDANCIA

Introducción

Existen dos diosas que residen en el corazón de cada ser humano. Todos están profundamente enamorados de estos seres supremos. Sin embargo, hay cierto secreto que necesitas conocer: aunque ames a las dos diosas, debes prestar más atención a una de ellas. Una es la diosa de la sabiduría y su nombre es **Sarasvati**. Búscala con afán, ámala y dedícale toda tu atención. La otra diosa, **Lakshmi**, es la diosa de la riqueza. Cuando te acerques más a Sarasvati, Lakshmi se pondrá sumamente celosa y te dedicará más atención. Mientras más busques a la diosa del conocimiento, más te buscará la diosa de la riqueza. Te seguirá a donde vayas y nunca te dejará. La riqueza que deseas será tuya para siempre. Te aconsejo siempre tener cerca de tu lugar de trabajo las imágenes de estas dos poderosas y hermosas diosas hindúes.

La abundancia es la experiencia en la que nuestras necesidades se satisfacen con facilidad y nuestros deseos se cumplen de manera espontánea. Cuando tenemos conciencia y conocimiento preciso de la naturaleza, sabemos que ésta, en realidad, es nuestra propia naturaleza; y entonces comprendemos que, como estamos hechos de la misma materia que la Madre Tierra, podemos crear cualquier cosa que nuestra mente imagine y nuestro corazón desee, puesto que toda la creación tiene el mismo origen. La naturaleza se dirige al mismo lugar para crear un conjunto de nebulosas, una galaxia de estrellas, el mar inconmensurable, un cuerpo humano o un pensamiento, que cuando se mueve para crear abundancia.

De acuerdo con los teóricos del campo cuántico, todas las cosas materiales (ya sea una silla, un cuerpo humano o dinero en efectivo) están formadas por átomos. Es evidente que la materia esencial del universo es «materia pensante». Un pensamiento es un impulso de la mente que contiene energía e información, que si es aceptada por nuestra mente echa raíces y se manifiesta en el mundo material.

LA IMPORTANCIA DE PERDONAR A NUESTROS PADRES PARA EXPERIMENTAR ABUNDANCIA

Los problemas internos y externos con tu papá (ya sea que esté vivo o muerto) se traducen en falta de pasión por la vida, malas finanzas, trabajo poco remunerado y culpa respecto al éxito. No importa quién tuvo la culpa, ni lo que haya pasado, lo importante es que sanes esa relación, por tu propio bien.

Si no lo haces por bueno, hazlo por inteligente; de otra manera no lograrás la abundancia que deseas. Repite muchas veces al día en voz alta, poniendo mentalmente a tu papá frente a ti: «Te perdono y me perdono». «Lo siento, perdóname, gracias, te amo» (ley del perdón ho'oponopono). Igualmente, cuando tienes problemas o situaciones sin resolver con tu madre (viva o muerta), aparecen muchos obstáculos en tu vida; todo se hace mucho más difícil y no te sientes amado y protegido por la Madre Tierra; no sientes que valgas la pena y que alguien pueda amarte de verdad.

Para sanar, debes asumir tu 50% de responsabilidad en el problema y pedir perdón por los conflictos que hayas generado en otra vida. Así, podrás sanar a tu árbol genealógico y a tus futuras generaciones. Los karmas familiares se contraen siete generaciones antes y terminan siete después.

Quizás al principio no pidas perdón desde el corazón y no puedas o quieras creerlo ni sentirlo, pero al repetirlo muchas veces irá entrando en tu subconsciente. Empezarás a sentirte cómodo con la idea, hasta que una mañana te levantes y te des cuenta de que has perdonado a tus padres. A partir de ese día todo irá mucho mejor en tu vida, se te abrirán las puertas de la abundancia y todo será más fácil.

NO TOMES LAS CIRCUNSTANCIAS DE TU VIDA COMO UN DERECHO, SINO COMO UN PRIVILEGIO. Así tratarás bien a todos, porque ser agradecido es lo que más abundancia atraerá a tu vida. Si agradeces todo lo que tienes: techo, casa, vestido y sustento; amigos, familia, salud, trabajo; un día más de sol o la vida misma. Si todos los días al abrir los ojos en la mañana empiezas agradeciendo, tu mundo se transformará mágicamente y lograrás mucha más abundancia.

I

GENERA Y PRESERVA ABUNDANCIA FINANCIERA

LA MANZANA EN EL MUNDO MÁGICO

Es conocida como «la fruta sagrada de las brujas», ya que representa conocimiento, inmortalidad, fecundidad divina, amor, fidelidad, belleza, juventud y renovación; la abundancia infinita que nutre a través del poder de la Madre Tierra. Se trata de un regalo delicioso y nutritivo de la naturaleza para los seres humanos, y adquiere este significado sagrado puesto que en su interior se encuentra el pentáculo o estrella de cinco picos, que se revela al cortar el fruto de manera transversal: el «tetragramatón». Para los iniciados, esta estrella es el símbolo del hombre autorrealizado, el hombre que se erige a sí mismo, el hombre sabio, el que todo lo posee.

MATERIALES

- Manzanas rojas en números nones, ya sea 3, 5, 7, 9...

PREPARACIÓN

Cuando hay manzanas rojas en un hogar (u oficina), nunca faltará la abundancia. Siempre colócalas en números nones, nunca pares, en diferentes lugares de tu casa u oficina. Personalmente, pongo tres en mi mesa de trabajo, donde leo el tarot, y otras en los muebles cercanos a la sala, donde doy mis cursos. Además de que lucen lindas y traen vida, también te darán protección contra las malas vibras o sentimientos de carencia, elevando tu vibración para entrar en sintonía con la abundancia. Recuerda que la prosperidad primero se logra dentro de ti y luego se traduce al exterior. La abundancia es la sensación de que hay todo para todos. Piénsalo y siéntelo así todos los días, las manzanas te lo recordarán cuando las veas. En cuanto se pongan feas o se pudran, lo mejor es no tirarlas a la basura, sino regresárselas a la Madre Tierra, de donde provienen, ya sea en una maceta, o bien, en la tierra del jardín, agradeciendo siempre el gran servicio que te dieron. Remplázalas por nuevas. Si duran poco tiempo es porque hay mucha energía de carencia; si duran mucho, es decir, dos o tres meses, entonces tu casa u oficina ya tiene el nivel energético de la abundancia. Yo siempre las tengo en mi hogar para que nunca me falte la abundancia, el dinero y la prosperidad.

Nota: Esas manzanas no se comen, adviértelo a tus hijos y a los que comparten el lugar donde estarán dispuestas, ya que absorben las malas energías y bloqueos, la carencia misma; y si se comen pueden enfermar a la persona. ¡Mucho cuidado!

II

AUMENTA LAS VENTAS EN TU NEGOCIO O TRABAJO

Este hechizo subirá las ventas de tu negocio; de tu trabajo si eres vendedor, o aumentará tu comisión si eres *freelancer*. Para que nunca falte en tu hogar la abundancia, te recomendamos los nobles y económicos claveles.

CARACTERÍSTICAS MÁGICAS DEL CLAVEL

Género: Masculino
Planeta: Sol
Elemento: Fuego
Deidad: Júpiter
Usos mágicos: Los claveles pueden usarse para hechizos con fines protectores; se ponen en la habitación de un enfermo convaleciente para darle fuerza y energía. También se emplean en hechizos curativos; se colocan en el altar, durante los rituales de curación o protección, o se añaden en su presentación seca en los saquitos e inciensos con el mismo propósito. También dan suerte en el juego y en los romances, ya que suben las vibraciones amorosas.

MATERIALES

- 12 claveles rojos
- 12 claveles blancos
- 1 ramita verde con hojas (pídela a los floristas donde compras los claveles)
- 1 florero grande con agua

PREPARACIÓN

Ya sea en tu casa (en la sala) o en la oficina, o en ambos, coloca una docena de claveles blancos y una de claveles rojos con una varita verde de hojas, en un florero lo más grande posible, con mucha agua. Así nunca te faltará la abundancia, además traerá salud, amor y suerte en los juegos de azar como lotería y rifas. Si por alguna razón de espacio no puedes poner un florero grande y las dos docenas de claveles, entonces cuando menos pon un clavel blanco, uno rojo y la ramita verde en tu escritorio o casa.

III

HAZ CRECER TU NEGOCIO

Si quieres subir tu nivel socioeconómico; que te rinda más el dinero y nunca te falte, haz este ritual. Además, verás que todos te aceptan más fácilmente y atraerás al mismo tiempo amor, tanto amistoso, familiar o de pareja.

CARACTERÍSTICAS MÁGICAS DE LA CANELA

Género: Masculino
Planeta: Sol
Elemento: Fuego
Deidades: Venus y Afrodita.
Usos mágicos: Espiritualidad, éxito, curación, poder, deseo sexual, protección y amor. Cuando se quema la canela como incienso, origina elevadas vibraciones espirituales, favorece la curación, atrae el dinero, estimula los poderes psíquicos y produce vibraciones protectoras.

MATERIALES

- 1 bolsa grande de canela en polvo (dependiendo del tamaño de tu casa o negocio)
- 1 vela color oro
- Cerillos de madera
- 1 imagen de San Juan del Dinero (si no la encuentras en las iglesias, sácala de internet)

PREPARACIÓN

Prendes la vela color oro con cerillos de madera, al lado colocas la imagen de San Juan del Dinero. Coloca en cada esquina de tu casa o negocio (puede ser en un platito, hoja de papel, papel aluminio o directamente) un montoncito generoso de canela. Mientras lo estás colocando, dices en voz alta la oración de San Juan del Dinero:

Yo... invoco a la sublime influencia del Santo Nombre
de Dios todopoderoso
y de San Juan del Dinero
para que me libres de
la pobreza y la estrechez
y me proveas de abundancia y felicidad
y que brille para mí
la estrella de la buena suerte,
la fortuna y el éxito me acompañe en todo lo que emprenda.
Bajo tu amparo me acojo.
San Juan del Dinero,
no me dejes en el olvido y que siempre
estés junto a mí.
Amén, amén, amén y amén.

Deja la canela en cada esquina hasta notar mejoría. Cuando la quites, regálasela a la Madre Tierra en el jardín o en una maceta, agradeciendo sus beneficios y ayuda. En caso de que no puedas dejar la canela por mucho tiempo (por ejemplo, en la oficina) déjala el viernes y remuévela el lunes.

Reza con fe durante un mes, empezando el día en que pones la canela (siempre prendiendo la vela color oro y, al terminar, apagándola sin soplar), y el santo te otorgará la riqueza que requieres.

IV

PROPICIA Y CONSERVA LA ABUNDANCIA ECONÓMICA

Esta sencilla receta deberá formar parte de tus rituales de vida, así nunca padecerás estrechez material. Personalmente, siempre tengo en mi mesa de trabajo manzanas rojas, así nunca se estanca el dinero.

MATERIALES

- 3 manzanas rojas
- 1 plato blanco de vidrio (nunca plástico)
- 3 trozos de vaina de canela
- Varias monedas de diferente denominación, mucho mejor si tienes algún peso antiguo de plata y también es bueno poner *pennies* (centavos de Estados Unidos, porque son de cobre). Si tienes morralla de otros países será bueno que también la utilices para promover los viajes
- Varias piedras imán chicas (las compras en el marcado con las hierberas)

PREPARACIÓN

Coloca en el plato las tres manzanas. Ahí mismo pondrás todas las monedas que quieras y las piedras imán que, como su nombre lo dice, tienen la propiedad de atraer. Por último, añade los tres trozos de canela al plato. Ponlo en tu mesa de trabajo si laboras en tu casa. O en la oficina en un lugar donde no sea muy visto y que nadie más que tú lo toque. Déjalo permanentemente. En caso de que las monedas y el plato se ensucien de polvo, los lavas con jabón y los vuelves a poner. Notarás de inmediato la mejoría. Recuerda reemplazar las manzanas cuando se descompongan.

V

DERRAMA ABUNDANCIA EN TU HOGAR

La Tierra misma, su fertilidad y abundancia, es simbolizada a través de las semillas que dan vida y alimento, que nutren y se reproducen bajo la tierra fértil. Necesitarás siete clases de granos para realizar este ritual. El siete es el número mágico de la abundancia.

MATERIALES

- Altar: mesa con tela roja y los cuatro elementos: Agua (copa con agua) Fuego (vela blanca encendida con cerillos de madera), Aire (incienso de mirra) y Tierra (la mesa sobre la que está tu altar)
- 1 vela blanca
- Cerillos de madera
- 1 copa blanca de cristal con agua
- 1 platón blanco de cristal
- 7 montoncitos de granos diferentes (arroz, lenteja, maíz palomero, frijol, haba, garbanzo y alubia)
- 1 trocito de vaina de canela
- 1 ramita pequeña de menta
- 7 monedas de diferente denominación o de diez pesos, por ser doradas
- 1 veladora grande color oro (con vaso)
- 1 incienso de mirra
- 1 plantita en maceta
- 1 loción limpiadora en *spray*
- 1 toallita pequeña
- 1 estampa del arcángel Uriel

PREPARACIÓN

Vestido con ropa clara, perfectamente limpio, pon en diferentes tazones tus siete granos. Cerca del altar en el que vas a trabajar, coloca todos los utensilios e ingredientes para que puedas concentrarte. Enciende la vela blanca con los cerillos de madera, prende el incienso de mirra con ella, y al lado pon tu copa con agua y la plantita en maceta. Toma el *spray* de loción limpiadora (la compras en lugares esotéricos) y te rocías la loción por todo el cuerpo, para sacar cualquier negatividad. Luego limpias con esa misma loción el platón blanco, con la ayuda del *spray* y la toallita pequeña. Colocas el platón al centro del altar, tomas la veladora y la limpias con el *spray* limpiador para quitarle las energías de las personas que la manipularon antes, le pasas la toallita para acabarla de limpiar; la colocas en medio del platón. Ahora distribuyes en el platón los siete montoncitos de granos. Al terminar colocas la vaina de canela, para atraer dinero, amor y trabajo. Le añades la ramita de menta fresca, porque abre los caminos y atrae abundancia. Ahora colocas las siete monedas doradas y plateadas. Ya con tu platón listo, enciendes la veladora y recargas en ella la estampita del arcángel Uriel. Pon música suave y relajada para inspirarte, ya sea *new age*, clásica o música de meditación.

Ahora haces la siguiente oración al arcángel Uriel en voz alta, para conseguir dinero y abundancia, y tener la provisión permanente en nuestras vidas. Como hijos de Dios —que es un rey— a nosotros, príncipes y princesas, no nos tiene por qué faltar nada, pues su herencia es divina.

Pide con tu corazón, con fe sincera y agradecimiento...

Oración al arcángel Uriel

Señor Dios Todopoderoso, en tus manos entregamos esta oración para que nos otorgues el dinero y la abundancia poderosísima. Solicitándote nos permitas que tu servidor, el amoroso arcángel Uriel, venga a nuestras vidas a traernos la provisión que viene de ti; dinero, abundancia, prosperidad, éxito, sabiduría, riqueza y bienestar en nuestros trabajos, vida diaria y protección divina.

Gracias, amoroso arcángel por venir y vibrar aquí y ahora conmigo y darme este regalo tan especial para mí, para todos mis seres queridos, y para todos los que lo necesiten.

Amoroso amigo y príncipe de Dios, ven en esta hora a envolvernos en tu columna de luz del rayo oro rubí, y así irradiar y manifestar en todo cuanto hagamos la poderosa energía luminosa y abundante.

Del rayo oro rubí que nos envuelve y nos conecta con tu energía sagrada trayéndonos la paz, la luz y la provisión ilimitada de las riquezas de Dios.

Mi amoroso Uriel, iluminamos nuestros corazones y nuestras vidas a través de tu energía gloriosa oro rubí.

Gracias, amoroso arcángel por venir a mí en esta hora preciosa. Sé que a partir de este instante en mi vida todas las circunstancias serán oportunidades para traerme prosperidad.

Sé que a partir de este instante irradio la gloriosa luz de tu rayo oro rubí atrayendo hacia mí todas las riquezas de la tierra, que llegan a mi vida en perfecta paz y armonía.

Gracias por traerme sabiduría y provisión, para mi más alto bien y el de toda la humanidad. Amén, amén, amén y amén.

Dejas el platón como adorno en la sala de tu casa, oficina o negocio por tres meses cuando menos. Prende la vela todos los días durante unos minutos, hasta que se termine. Cuando apagues la vela diariamente, no le soples, sofoca el fuego nada más. Atraerás la abundancia infinita de la Madre Tierra, de Dios-Diosa y el amadísimo arcángel Uriel.

RITUALES PARA LA SALUD

INTRODUCCIÓN

Existe una conexión directa entre el karma acumulado del pasado (vidas anteriores) y la salud mental y física actual de cada persona. Ya que nuestro cuerpo es el vehículo en el que habita nuestra alma (el alma es única e inmortal, nunca muere y es la que reencarna vida tras vida). Tu esencia es tu alma y tu espíritu, y siempre será la misma, evolucionando, vida tras vida.

Hay personas que llegan a esta encarnación con varias enfermedades y limitaciones físicas, lo cual quiere decir que en su vida anterior hicieron mal uso de sus facultades físicas, mentales o espirituales. Si eres de las personas que continuamente se enferman, o llegaste a esta encarnación con problemas de salud, te recomiendo una terapia de regresión a vidas pasadas. Y así saber cuál fue la situación que creó en esa vida la enfermedad para erradicarla de raíz a través de dicha terapia, y no llevarla contigo vida tras vida.

Si estás pagando algún karma de mala salud, igualmente puedes ser una persona mucho mejor si evolucionas y sabes cuáles tendencias de carácter y personalidad son las que crean la enfermedad; de esa manera empezarás a erradicarlas y en tus próximas vidas no tendrás que padecerlas. Te doy un ejemplo: yo tenía una gran amiga, Ana Coudurier (en paz descanse), que se dedicaba a la terapia de regresiones a vidas pasadas. Ella siempre padecía de frío y problemas de cuello. En una sesión de cristaloterapia que le di hace muchos años, salió que en una vida pasada remota, ella había muerto de frío en Mongolia, atravesado (porque era hombre en esa encarnación) por una flecha en el cuello. Fue tanta la impresión de su alma que siguió llevando estas características y dolencias vida tras vida. Por eso es muy importante trabajar en terapias de regresión a vidas pasadas, así como otras terapias espirituales en la actual reencarnación (como constelaciones familiares y otras técnicas como la desprogramación celular) para quitarse de encima esas huellas, y que no te sigan acompañando vida tras vida.

Anita Coudurier recibió como paciente a una chica que nació imposibilitada y no podía caminar; llegó a consulta de regresión a vidas pasadas en silla de ruedas. Ella quería saber por qué había nacido así. Cuando Ana hizo la regresión, la paciente vio que, en su última vida, se había suicidado y por tal agresión a su propio cuerpo nació impedida de sus piernas en su vida actual, para aprender a valorar la salud y un cuerpo sano y perfecto.

Otra anécdota que Ana me contó fue la de una paciente con problemas de obesidad que llegó a su consultorio. Cuando Ana le hizo la regresión, la paciente vio que en su vida anterior había muerto de hambre durante una guerra, y por eso había llegado a esta encarnación con mucha hambre y comía todo lo que encontraba, pues tenía miedo de no tener qué comer. Al hacerlo consciente, pudo sanar esa «ansiedad» y bajar finalmente de peso.

Querido lector: no te acostumbres a la enfermedad, no es una condición natural del ser. No sólo tomes pastillas sino también sana tu mente, tu tendencia de carácter y hasta tus vidas pasadas, comprometiéndote con la evolución de tu alma que como ya comentamos es única. Ella nunca morirá, sino que se irá transportando y entrando a diferentes cuerpos según tus reencarnaciones hasta fundirse algún día con la totalidad, que algunos llaman Dios.

Gracias, Anita Coudurier, por tus experiencias que me permito compartir con respeto a mis lectores. Hay un libro de regresiones a vidas pasadas que escribió Ana junto con Carmen de Saire. Aún puedes encontrarlo en las librerías, y ahí encontrarás muchos ejemplos más. En Youtube le hice una entrevista a Anita ya hace algunos años, y ahí nos explica todo lo relacionado con el karma. Aún puedes verlo, busca Kala y Ana Coudurier. Que la perfecta salud te acompañe, querido lector. Hoy, mañana y siempre, amén, amén, amén y amén.

I

FENG SHUI PARA TU SALUD

- **Cabecera:** No acomodes la cabecera de tu cama contra una ventana a menos que haya una cabecera sólida, y cortinas o persianas que bloqueen la ventana. La energía entra al cuerpo a través de la cabeza; esta parte sagrada del cuerpo necesita apoyo y protección de algo visualmente sólido. De lo contrario no descansarás, no dormirás bien, puedes tener pesadillas y enfermar.

- **Ventiladores:** No es recomendable instalar ventiladores de techo justo arriba de la cama, ya que influye directamente sobre la salud de quien duerme en ella. Los ventiladores de techo pueden colocarse después de los pies de la cama, así cumplen su propósito sin afectar la salud de quien duerme ahí.

- **Dormir frente a un espejo:** No es recomendable dormir frente a un espejo que te refleje, ya que abre portales energéticos por donde cualquier tipo de energía negativa y de planos astrales puede entrar. Te debilita y trastorna el sistema nervioso. Si no puedes mover la cama o el espejo de lugar, cuando menos tápalo en las noches.

- **Cama frente o junto al baño:** No es recomendable que tu cama dé a la puerta del baño, sobre todo que tus ojos vean el escusado al abrir y cerrar los ojos. Esto no trae salud ni buena economía. Si no puedes cambiar de lugar la cama, asegúrate de cerrar siempre la puerta del baño antes de dormir.

II

ANIMALES GUARDIANES

Si quieres conservar la salud y tener al mejor protector y mago junto a ti, ten mascotas o bien, ábrete a los mensajes de los animales que se te presenten (ya sea cerca de la naturaleza o que entren o lleguen a tu casa casualmente).

Los animales y mascotas son los mejores aliados del hombre. Un «aliado» es una criatura que te respalda, no sólo en tus trabajos mágicos sino en tu vida cotidiana. Te transmite mensajes a través de la naturaleza, en forma de curiosas sincronías. En ocasiones, te indica el camino a seguir y te protege en el astral. Hay animales que llegan a tu vida de manera *causal*, no casual. Suelen ser llamados animales *psicopómpicos*. Son capaces de conducir tu alma humana a través de otras dimensiones, y te ayudarán a llegar al cielo después de la muerte. Existe un lazo energético entre el animal y la bruja, mago o simplemente el dueño de un animal guía, forjado por el amor y la confianza mutuos. Los animales están más cercanos a la Madre Tierra y a sus poderes; ellos oyen la música del universo, a la cual la mayoría de nosotros hemos cerrado los oídos. A menudo notan la llegada de extraños mucho antes de que nuestros sentidos noten la menor señal de su presencia. Dado que los animales son importantes miembros de la familia, deben estar protegidos mágicamente. Absorben toda la negatividad y enfermedades de los integrantes de la familia con la que viven, sobre todo de su amo. Esa es su misión: enseñarnos el amor incondicional, el juego y la belleza; por eso hay que protegerlos. Hay una gran variedad de encantamientos para respaldarlos de los accidentes, las enfermedades y el robo, con la utilización de los siguientes hechizos:

Compra un pequeño cascabel de cualquier tipo; debe tener un timbre bien sonoro. Límpialo y conságralo para la protección de tu animal doméstico. Cuélgalo del collar del animal, visualizando cómo el timbre del cascabel lo guarda y protege. El sonido del cascabel automáticamente desvanecerá la negatividad cuando el animal se mueva por la casa o esté fuera de ella.

En el dorso de las placas y licencias del animal, se pueden marcar signos y símbolos protectores como pentagramas, runas protectoras, etc. Para este fin se puede hacer una placa redonda de metal. Se le hace grabar o le grabas tú mismo (esto sería lo ideal) palabras místicas o símbolos protectores, y se cuelga junto con las otras placas del collar de nuestro compañero doméstico.

Obviamente, es más humano invitar al animal a vivir con nosotros, para que de una manera natural derrame sus poderes en nuestras vidas y hogares con su simple presencia. La bruja o el mago nunca estarán solos, estarán rodeados por la naturaleza, por lo tanto también estarán rodeados de amigos.

PROPIEDADES DE CADA ANIMAL MÁGICO

- **Canario:** Debido a su brillante color amarillo, está consagrado al sol. Se tiene en casa por su precioso canto. Su legendaria habilidad es la de proporcionar armonía y felicidad al hogar y asegurar buena fortuna.

- **Gato:** Largamente venerado, es por su naturaleza una criatura misteriosa, conectada con la luna. Al gato negro se le considera portador de vibraciones favorables, ya que absorbe las malas energías del lugar donde se encuentra, así como las de su amo. Por eso todos los magos y brujas tienen un gato negro. Si mientras está echado vuelve la cola hacia el norte o el este, se puede avecinar una tormenta, y si lo hace hacia el sur o el oeste, el tiempo será tranquilo y claro. Cuando un gato se lava la cara es que una visita está a punto de llegar a nuestro hogar, y la dirección hacia la que primero mire es por donde llegará. El gato absorberá todas las enfermedades de su amo y las transformará en energía positiva. Dará la vida por él si es necesario.

- **Grillo:** Proporciona alegría y plenitud. Puedes tener a un grillo como mascota guardiana en tu dormitorio.

- **Perro:** Desde siempre se le ha considerado un animal doméstico y ha participado en muchos ritos mágicos y religiosos. Está regido por Venus, el planeta del amor, aunque también le rige la luna; por tanto, el perro aumenta el amor en aquel hogar en el que vive. Vuelve a su amo una mejor persona y le trae muchas bendiciones del cielo. Sensibles a lo invisible, los perros se asustan con los fantasmas y espectros y te alertarán de su presencia. Si te enfermas, tu perro absorberá tu enfermedad y la transformará en luz, y dará la vida por ti si es necesario.

- **Búho:** La aparición de uno nos alerta sobre algo. Dice el dicho antiguo «cuando el búho canta el indio muere».

De acuerdo con la antigua tradición, es favorable la compañía de animales en número impar, mientras que un número par no lo es. Y así sucede en toda la magia, siempre tienes que manejar cualquier ingrediente o ayudante mágico, en número impar. Dice el dicho antiguo: «años pares, años de males, años nones, años de dones».

III

RITUAL SOLAR CELTA PARA LA SALUD

Este ritual hay que hacerlo cuando hay buen clima y no durante temporada de lluvia. Necesitarás tres días seguidos de sol, ya que justamente la energía solar será lo que sanará tu cuerpo. Busca que la luna sea creciente. Los yoguis hacen este ritual diario para mantenerse en salud plena.

El trisquel es un *símbolo geométrico celta curvilíneo* formado por tres brazos en espiral que se unen en un punto central, y crean un círculo o un triángulo, configurando la forma de una hélice. El tres es el número más sagrado para la cultura celta, representa la perfección y el equilibrio.

El trisquel es el símbolo supremo de los druidas, símbolo sagrado y mágico que representa el aprendizaje pasado, presente y futuro. También representa el equilibrio entre cuerpo, mente y espíritu; principio y fin; evolución y crecimiento; aprendizaje perpetuo y eterna evolución. Era utilizado para curar heridas y aliviar fiebres por su capacidad sanadora y, por lo tanto, es un talismán para la salud.

MATERIALES

- 1 dije celta con el símbolo del trisquel, por ser un símbolo energizante y solar

PREPARACIÓN

Levántate al amanecer y colócate el dije de trisquel celta en el cuello; consérvalo puesto al menos durante un mes (si es nuevo, deberás lavarlo con agua y jabón antes de usarlo). Ahora sal al jardín, patio o azotea desde donde puedas ver y recibir el sol plenamente en tu cara y cuerpo, de manera que te inunde profundamente el sol.

Míralo por un instante, parpadea lentamente y recibe su luz. Ahora cierra los ojos y siente cómo su calidez entra a todo tu cuerpo, vigorizándolo y llenándolo de luz, salud y vida. Respira profundamente y siente cómo entra el *prana*, el polvo dorado del sol, su vida incandescente. Ahora, visualiza la forma del trisquel que traes en el cuello y velo en el sol, ya sea con ojos abiertos o cerrados. Cuando lo logres, siente cómo ese trisquel del sol se unifica y se hace uno con el de tu dije. Vuelve a enfocar tus ojos en el sol por sólo un segundo, lo justo para elevar el trisquel a la altura del disco solar y taparlo. Enfoca con un solo ojo el trisquel mientras haces tu eclipse.

Ahora tu dije quedará energizado con el prana del sol, que mantiene viva a la Madre Tierra y a todo el planeta con su energía. Agradécele al sol el calor y la vida, la salud que tienes hoy. Haz reverencias y saludos especiales al sol, a tu ser, a la Madre Tierra y a la vida misma. Con devoción, siente que tú mismo eres el sol perfectamente sano y radiante.

Luego recita en voz alta, muy concentrado, la siguiente plegaria:

Dios sol. Dios de la vida. Dios de la energía viviente,
te agradezco que me hayas acompañado desde el inicio de mi vida dándome tu calor.
Hoy vengo a pedirte perfecta salud...
dame tu luz, límpiame con ella,
dame tu alegría de vivir,
dame el gozo de la vida,
dame la salud,
dame la vitalidad,
dame tu calor,
y tu energía.
A cambio, te doy mi mejor sonrisa, mi mejor amor, mi reconocimiento y eterno agradecimiento. Amén, amén, amén y amén.

Notarás que el trisquel va cogiendo energía y calor. Ahora está listo y energizado; siempre que lo traigas contigo te dará la energía recogida del sol.

Si no lo puedes hacer todos los días de tu vida, procura hacerlo tres días seguidos cada cierto tiempo.

IV

AYUDA A UN SER QUERIDO A RECUPERAR LA SALUD

Este ritual es para pedir por la salud de alguien más, ya sea un ser querido o un conocido. Esta sanación se hará por medio de la valiosísima ayuda de San Rafael arcángel, poderoso intercesor que ayuda, por voluntad de Dios, a sanar la enfermedad física, mental y espiritual. Puedes hacerlo solo, o mucho mejor en compañía de otras personas creyentes, ya que Dios dijo: «donde más de dos pronuncien mi nombre, ahí estaré».

MATERIALES

- 3 velas verdes
- 1 incienso de sándalo
- 1 foto de la persona a quien le deseas salud (si no la hay, utiliza su nombre completo escrito con tinta azul en una hoja blanca)
- 1 imagen o estatua de San Rafael arcángel (puede ser imagen escaneada)
- Cerillos de madera

PREPARACIÓN

Acabado de bañar y vestido de verde, pon cantos gregorianos o música clásica para subir la vibración. Luego, colocas en tu altar los cuatro elementos (Agua, Aire, Fuego y Tierra) y adórnalo con una tela o mantel verde, porque es el color de San Rafael arcángel, patrono de la salud. Pon las tres velas verdes en triángulo y al centro de ellas la foto de la persona que deseas que sane. Prendes el incienso de sándalo, y colocas cerca de las velas la imagen de San Rafael arcángel.

Te sientas a meditar un momento, haciendo respiraciones y pidiendo a todos los seres de luz, maestros, deidades y santos de tu devoción, que vengan y te ayuden a realizar este ritual. Y dices en voz alta: «Aquí estoy, pidiendo permiso para realizar este ritual, invocando energía de sanación, para ayudar a la recuperación de (dices el nombre completo de la persona)».

Ahora invocas al amadísimo San Rafael arcángel, para que venga con su poderosísimo rayo verde, a sanar a la persona que deseas ayudar.

Luego dices la siguiente oración en voz alta, mientras pasas la foto del enfermo o un papel con su nombre completo, por arriba del incienso y las velas:

Oración de sanación a San Rafael arcángel

Oh, bondadoso guía espiritual San Rafael arcángel, yo te invoco como el patrón de aquellos que están afligidos por la enfermedad y la dolencia corporal. Tú hiciste preparar el remedio que sanó la ceguera del anciano Tobías, y tu nombre significa «el Señor sana».

Me dirijo a ti, implorando tu auxilio divino en mi necesidad actual (mencionar aquí la petición y el nombre completo de la persona). Si es la voluntad de Dios, dígnate a sanar la enfermedad de (nombre completo), que vive en (dirección completa a detalle) en la ciudad de (la ciudad o estado donde vive). Como el joven Tobías, te elegimos a ti como compañero de viaje hacia la salud. Deseamos seguir tus inspiraciones amorosas a cada paso del camino, para que podamos llegar al final de nuestro viaje bajo tu protección constante y en la gracia de Dios. Oh, arcángel San Rafael bendito, tú te revelaste a ti mismo como «el asistente divino del Trono Dios». Ven a nuestra vida y asístenos en este humilde ritual. Concédenos la gracia y la bendición de Dios y el favor que te pido por tu poderosa intercesión. Oh, gran médico de Dios, dígnate curar a (nombre completo de la persona) como lo hiciste con Tobías, si es la voluntad del Creador.

San Rafael, recurso de Dios, ángel de la salud, medicina de Dios, ruega por nosotros (repetir tres veces). Amén, amén, amén y amén.

Deja que las velas se quemen hasta el final, recoge la cera y los restos de las cenizas del incienso; entiérralas ya sea en una maceta, en el jardín o en el parque.

V

DESTIERRA LA ENFERMEDAD CON PLUMAS DE AVE

LA MAGIA DE LAS PLUMAS

Las culturas primitivas eran muy proclives a utilizar las plumas para realizar fetiches, conjuros, amuletos y todo tipo de adornos para sus dioses debido a su poder vital, que proviene de los animales y su vibración. Las plumas de los animales son antenas poderosísimas que sirven de barredora, de escoba para sacar la enfermedad y los maleficios.

- **Plumas de pavo real:** Son extremadamente poderosas. El arcángel Gabriel siempre tiene las alas compuestas de plumas de pavo real. Si conseguimos una de estas plumas guardémosla con cuidado, ya que es de gran utilidad para tu protección y salud, ya sea que la pongas en tu hogar como adorno, o bien, la utilices para un hechizo que deshaga el mal que te hayan enviado.

- **Plumas de cóndor:** El cóndor te enseña a volar por encima de tus limitaciones. Aparece en tu vida para hacerte ver la energía de lo que tienes frente a ti. El cóndor representa una visión aguda de la realidad. Sabe ver lo que está ocurriendo tanto exterior como interiormente cuando estamos pidiendo a gritos un «rescate inminente» tras empezarnos a ahogar en alguna situación.

Las plumas deben ser encontradas o recogidas, no compradas. Encuéntralas en un parque, zoológico o granja. Jamás haremos daño a un pájaro o ave para conseguir una pluma.

- **Plumas blancas:** Purificación, espiritualidad, esperanza, protección, paz. La influencia de la luna.

- Plumas verdes: Crecimiento, fertilidad, dinero.
- Plumas marrones: Salud, estabilidad, conexión con la Madre Tierra, el hogar.
- Plumas naranjas: Atracción, éxito y energía.
- Plumas amarillas: Inteligencia, sabiduría, los beneficios del sol.
- Plumas rojas: Coraje, valor, buena suerte, vida.
- Plumas rosas: Amor.
- Plumas grises: Paz.
- Plumas azules: Salud, paz, conocimiento psíquico.
- Plumas negras: No se recomienda hacer uso de ellas.
- Plumas rojas y marrones: Curación de animales.
- Plumas marrones y blancas: Felicidad, alegría.
- Plumas blancas y grises: Equilibrio, esperanza.
- Plumas negras con blanco: Unión, protección.
- Plumas verdes con rojo: Asuntos económicos.
- Plumas azules con blanco y negro: Cambios.
- Plumas negras con púrpura: Espiritualidad profunda.

Nota: No usar las plumas de gallo, éstas se usan para magia negra.

MATERIALES

- 9 plumas
- 1 tira de cuero color beige

Consigue nueve plumas de las mencionadas, las que sientas que se apeguen más a tus necesidades o a las de la persona que quieres ayudar.

Colócalas en un mazo juntas y para unirlas utiliza una tirita de cuero color beige (la compras con los artesanos).

PREPARACIÓN

Coloca a la persona que quieres sanar frente a ti con los brazos extendidos hacia los lados y las piernas abiertas. Tomas tu mazo de plumas y lo pasas de cabeza a pies, a veces tocando el cuerpo y otras como si estuvieras atizando el fuego. Trata de acarrear mucho aire mientras las muevas, porque ellas sanarán al paciente. Hazlo por delante y por atrás del paciente, sobre todo en el cuello. Mientras lo haces ve orando en voz alta:

En el nombre de Dios Padre, Hijo y Espíritu Santo, te vengo a pedir, Padre mío, por tu hijo (nombre completo), aquí presente, que viene a pedir sanación para su cuerpo y alma. Saca, Padre mío, todo lo que no sea agradable para tus ojos y restablece el orden perfecto en cada una de sus células. Métaron, Métaron, Métaron, tú que comandas a todos los arcángeles, te pido que vengan: Rafael arcángel, Gabriel arcángel, Uriel, Haziel, Anahel, Ratziel y Cassiel, a asistirme en esta humilde limpia de despojo para el más alto bien de (nombre completo) y de toda la humanidad.

Destierra para siempre el mal del cuerpo, alma y espíritu de (nombre completo) para que viva bajo el manto sagrado y tachonado de estrellas de la Virgen de Guadalupe, quien ahora lo cubre de cabeza a pies y le acompañará todos los días de tu vida.
Amén, amén, amén y amén.

Puedes hacer este procedimiento una vez a la semana hasta tener mejoría.

LIMPIA DEL HOGAR Y LA OFICINA

INTRODUCCIÓN

La energía negativa se concentra en cualquier lugar por diferentes razones: enojo, envidias, competencia, egos, odio, tristeza prolongada o un sentimiento profundo de carencia, ya sea emocional o económica. Esta mala energía te la puede enviar alguien, pero también puedes estar creándola tú mismo. Los malos olores son una manifestación clara de malas energías. El olor característico es el de la carne en descomposición que viene y se va caprichosamente. También cuando en un lugar hace mucho frío, aunque afuera brille el sol, quiere decir que ahí hay entes del bajo astral, ya que provocan frío.

¿Te ha pasado que llegas a un lugar y sientes como que se te suben insectos que no puedes ver, pero sí sientes sus piquetes? Justamente son malas energías. Cuando en una casa hay muchos insectos, es porque en ella hay mugre etérica y seguramente también física. En ese caso, lo mejor será bañarte en cuanto salgas del lugar, ya que el agua purifica. Después usa una loción o fragancia hecha especialmente para protección áurica. Sobre todo, haz una oración al entrar y salir de un lugar con mala vibra, algo como: «Invoco la luz del Cristo interno; *Yo Soy* un canal claro y perfecto y la luz es mi guía».

- **Cerrar el aura:** El mejor remedio de autodefensa psíquica es cerrar el aura, volverla más dura y compacta. Cerrar los brazos cierra el aura superior, cruzar las piernas cierra el aura inferior. No hacerlo con tu pareja con tu pareja o jefe, lo tomarán como desafío y no llegarán a acuerdos.

- **No enojarse, el escudo protector:** Cuando no reaccionas ante el enojo o la ira de los demás, su ira rebota sobre ellos y no te entra ni te afecta. Frente a una discusión acalorada debes permanecer calmo. Cuando te encolerizas, atraes la energía colérica de los demás.

- **La cualidad similar atrae cualidad similar:** Cuando una energía destructiva rebota porque no la dejaste entrar, regresa a quien la envió, agrandada. Por eso se dice que cuando alguien te hace magia negra o te envía negatividad, se le regresa siete veces siete.

- **Reforzar el aura mediante cuarzos:** El cristal tiene un efecto activador en los chakras y un efecto intensificador en el aura que te protege de todo mal. Si se rompe tu cuarzo, quiere decir que ya absorbió la mala energía y que debes agradecerle con todo tu amor y enterrarlo en la Madre Tierra para devolverlo a su lugar. El cuarzo de seis puntas equilibra los chakras. También puedes utilizar piedras preciosas y semipreciosas. El diamante es un poderoso cristal para la autodefensa psíquica y se usa preferentemente en la mano derecha.

- **La técnica de escudos:** Puede aplicarse no sólo en uno mismo, sino también a otras personas. Por ejemplo, quizá deseas usar un escudo para proteger a tu hijo. Habrá que rodearlo mentalmente a diario (con el poder de la visualización e imaginación) con una burbuja de luz dorada antes de salir de tu casa, poniéndole arcángeles para protegerlo. Imaginas y dices: «San Miguel arcángel arriba de ti, Gabriel arcángel debajo de ti. Uriel a tu derecha, Haziel a tu izquierda, vayan contigo, hoy mañana y siempre, amén, amén, amén». También puedes proteger tu auto u hogar de la misma manera.

- **Dar la mano a muchas personas:** A veces tenemos que dar la mano a muchas personas, y al hacerlo nos contaminamos de las energías de ellas. La manera de mantener tu energía limpia es poniéndote mentalmente unos guantes etéricos color dorado antes de darles la mano, y después ir a lavarte las manos, dejándolas bajo el chorro de agua por un momento.

Sobre todo, mantente conectado con Dios; saca de tu séptimo chakra coronario un hilo dorado que suba hasta el sol central, hasta llegar a la luz primigenia del Padre. De ahí toma su luz, su energía, y baja nuevamente hacia ti. Deja que entre por tu coronilla y que llene todo tu cuerpo de luz. A través de tu primer chakra en la zona sexual, saca otro cordón que baje hasta el centro de la Tierra y saca todo lo que ya no te sirva y sea negativo, entrégaselo con tu intención a la Madre Tierra para que lo transforme en luz. Esta técnica es sumamente poderosa. Si la haces, nunca padecerás enfermedad ni carencias.

I

LIMPIA TU HOGAR DE ENERGÍAS NEGATIVAS

Esta limpia es muy efectiva y fuerte, arrasa con todas las energías negativas, ya sea porque alguien te esté haciendo brujería, te haya echado mal de ojo o te tenga envidia. O bien cuando ha habido muchas peleas en tu casa, o se ha estancado el dinero. Para mantener la casa limpia de estas energías conviene hacerla cuando menos cada cambio de estación: primavera, verano, otoño e invierno.

Realiza este ritual de limpia en luna menguante

MATERIALES

- 1 chorro grande de amoniaco
- 1 cubeta con agua
- 5 limones
- 1 jerga para trapear
- 1 trapeador
- Guantes de plástico
- 1 computadora con bocinas

PREPARACIÓN

Pon en tu computadora, en YouTube, el mantra hindú «Ganesh Tumba Obstáculos» a buen volumen; es sumamente poderoso y te ayudará a remover los obstáculos que se estén presentando en tu vida. Cuando termine el mantra, deja que siga la reproducción de mantras subsecuentes, ya que todos son poderosos y te ayudarán y protegerán mientras haces este ritual, y además limpiarán tu casa de toda energía.

Prepara tu cubeta con una cuarta parte de agua. Vierte un chorro generoso pero cauteloso de amoniaco. Exprime los cinco limones. Te pones los guantes de plástico (recuerda que el amoniaco es corrosivo), sumerges la jerga en el agua, la exprimes y trapeas toda tu casa empezando por el piso donde están las habitaciones, luego el piso donde están la sala y la cocina, terminando con la puerta de entrada y hasta afuera de ella.

La mejor manera de trapear es «coleando», porque no es para limpiar la mugre de todos los días, sino la energía negativa. Mueve los muebles que nunca mueves y limpia detrás de ellos, recuerda que es en la mugre donde se esconden las malas energías.

Mientas estés trapeando, escucha los mantras y si puedes tararéalos. Concéntrate en la certeza de que estás limpiando todas las malas vibras, en una actitud de devoción, apertura, concentración y poder interno.

Realízalo tres viernes consecutivos con luz de día, nunca en la noche. Arrasa con todo; así que prepárate para grandes cambios y movimientos en tu vida. Todo se desatorará. Eso sí, lo que se tenga que ir de tu vida se irá... todo lo negativo saldrá.

II

LIMPIA TU ESPACIO DE VIBRAS OSCURAS

Cuando entran muchas personas a tu casa también entran sus vibras. Si sientes tu casa «cargada», si no está fluyendo el dinero y todo se está atorando, si sientes que alguien te envía mala energía, ya sea por envidia u otra situación, es indispensable mantener la casa limpia de estas vibras, para que todo te fluya y nada se te atore. Este sencillo pero poderoso ritual te ayudará a que tu casa u oficina siempre estén en óptimas condiciones.

MATERIALES

- 1 bolsa de sal marina (sal gruesa con la que cocinas)
- 1 cuenco transparente de vidrio (sin color)
- 1 litro de vinagre blanco (lo compras en el súper o en tienda de abarrotes)

PREPARACIÓN

Pones en el cuenco transparente toda la sal marina y el litro de vinagre blanco. Lo colocas en un lugar estratégico, que no sea muy visible pero por donde pase la gente que entra a tu casa u oficina. Yo tengo uno debajo de la mesita del teléfono, porque las envidias son hacia mi trabajo; y otro en la sala, donde recibo para consultas de tarot o doy mis cursos. Déjalo de manera permanente. En cuanto notes que se ensucia, se llene de nata negra o de insectos, quiere decir que ya recogió las energías negativas. Enseguida déjalo bajo el grifo abierto para que se deshaga la sal (nunca tires la sal sólida a la basura, porque trae muy mala suerte), después lávalo con jabón y vuelve a ponerle la sal de mar y el vinagre limpio para colocarlo nuevamente en su lugar. De esta manera tu casa siempre estará limpia de energías negativas.

III

LIMPIA TU CASA CON HUMO PURIFICADOR

Cuando sientas que tu casa está cargada con energías negativas, cuando sientas que las cosas no fluyen y no llega lo que quieres. Cuando hay enfermedad en el hogar o no logras el trabajo ni la economía que quieres. Cuando recibes a mucha gente que te envidia o ha habido pobreza y no levantas la abundancia, entonces es conveniente este ritual.

Para nuestros antepasados prehispánicos el sahumador era el mediador entre el cielo y la tierra, entre la materia y el espíritu. Era el lazo de unión entre lo humano y lo divino, transportando las oraciones al ámbito de lo no visible. El copal es considerado el «Dios Blanco» que transforma el eje del mundo, que llega a los umbrales más profundos de la conciencia. Copal es el nombre común de la resina aromática del bursera, una familia de árboles sagrados, endémicos de México. El aroma del copal, el «incienso de la tierra», ha sido por centurias un bálsamo universal para purificar y potencializar la abundancia, usado en las casas, templos y ofrendas de prácticamente todas las civilizaciones prehispánicas para conjuros de protección y rituales mágicos realizados por sacerdotes.

MATERIALES

- 1 sahumador de barro (lo compras en los mercados con las hierberas, es muy económico)
- 3 o 5 carbones grandes (dependiendo del tamaño de la casa u oficina que se va a limpiar)
- 1 bolsita o 1 cucurucho de copal blanco (lo compras en el mercado, con las hierberas)
- 1 pinzas para hielera
- 1 secadora de pelo eléctrica

PREPARACIÓN

Colocas los carbones directamente sobre las hornillas prendidas de la estufa, hasta que estén al rojo vivo. Los tomas con las pinzas y los introduces en el sahumador. Para hacerlo más rápido y como estamos en tiempos modernos, yo utilizo la secadora de pelo para acabar de encender aún más los carbones que ya están colocados en el sahumador. Seguramente saldrá fuego; lo apagas con soplidos para que quede únicamente el carbón candente sin llama. Entonces le echas el copal al sahumador, cubriendo el carbón. Cierras puertas y ventanas del lugar que vas a limpiar para que se llene del humo, porque justamente es éste el que limpia. Empiezas con la habitación más al fondo, o bien, por el segundo piso; luego el primer piso y terminas en la entrada. Haciendo movimientos circulares, vas pasando el sahumador por todos lados, abriendo los closets, cajones y baúles. De pronto sopla para que salga aún más humo. Si se acaba el copal, le pones más. Mientras estás pasando el sahumador por todo el lugar, vas diciendo en voz alta: «Casa de Jerusalén, donde Cristo entró, el mal al punto salió, restaurándose el bien».

También dices en voz alta las oraciones que te sabes, el Padre Nuestro y Ave María, o bien, las que te gusten de tu religión. El chiste es que estés orando y pidiendo ayuda mientras estés «sahumando». Cuando hayas terminado todo el lugar, ponle un poquito más de copal y lo dejas al centro del hogar, ya sea en la sala o en el centro de la oficina y salte; nadie debe quedar dentro. Media hora más tarde, regresas y seguramente ya se apagó el sahumador. Entonces abres puertas y ventanas para que salga todo lo que recogió el sahumador y el copal a través del humo sagrado. Deja que el lugar se ventile por un rato hasta que puedas cerrar cuando se haya ido todo el humo. Notarás tu casa completamente limpia.

IV

DESTAPA LA VERDADERA ABUNDANCIA

Debido a que doy cursos en casa, en especial el «Tarot Hermético Cabalístico Alquímico», un trabajo espiritual muy fuerte en el que durante ocho meses los alumnos *sacan toda su mugre*, se han tapado los escusados y coladeras de mi hogar. Cuando eso sucede se estanca la abundancia. Para resolverlo, mi adorado amigo, el chamán don Mariano (en paz descanse) me dio esta receta para limpiar todos los canales, las tuberías y coladeras, para destapar mi abundancia. Funciona maravillosamente y deberás hacerlo en cuanto notes que se empieza a estancar tu economía.

MATERIALES

- 1 botella grande de amoniaco (la compras en las tlapalerías)

PREPARACIÓN

Ya en la noche, cuando todos se van a dormir (muy importante) y ya no van a utilizar por un buen rato los escusados del hogar, pones un chorro generoso de amoniaco en cada escusado y lo tapas. Asimismo echas chorros generosos de amoniaco en cada coladera de tu hogar, tanto en el fregadero de tu cocina y la zona de lavado, como en los lavabos y coladeras del baño. Deberás hacerlo por tres martes consecutivos. Te sorprenderá la mejoría, volverá a entrar el dinero y saldrá desterrada la escasez. **Nota:** También puedes realizarlo en tu oficina; lo mejor será el viernes para que se quede así todo el fin de semana.

V

LIMPIA POR COMPLETO TU HOGAR

Esta limpia es de lo más completa y hermosa, con tus propias manos y energía limpiarás cualquier vibración inarmónica de tu hogar y quedará radiante. Consta de dos etapas, en la primera limpias y en la segunda endulzas. La verdadera magia la haces tú mismo, nadie más la debe hacer por ti. Tu esfuerzo, preparación, concentración, tiempo y dedicación espiritual la hacen efectiva.

MATERIALES

- 1 escoba y recogedor
- 2 bolsas de basura medianas
- 1 botella de amoniaco (o una botella de vinagre blanco)
- 1 manojo de ruda
- 1 manojo de albahaca
- 1 cucurucho de mirra
- 1 taza chica de sal marina (sal gorda)
- 1 cubeta grande
- 1 trapeador y jerga

Nota: Todos los materiales que uses tienen que ser en números nones, para que surta efecto la magia.

PREPARACIÓN

Pones suficiente agua en la cubeta y le añades ruda, albahaca, mirra y sal marina. La dejas macerar y reposar por al menos dos horas. Luego metes las manos en la cubeta y empiezas a triturar y exprimir las hierbas. Este es el momento en el que haces alquimia y alta magia, así que concéntrate y saca tu poder, con la conciencia de que son hierbas sagradas altamente potentes que darán su vida por ti, para limpiarte y hacer tu vida mejor; agradéceles mientras estás en el proceso. Cuando termines, déjalas reposar otro rato, al menos media hora más. Mientras esperas a que tus hierbas suelten su tintura y propiedades, barre muy bien toda tu casa para que esté limpia de mugre. Barre de dentro hacia fuera, es decir, empieza desde el último cuarto en el segundo piso, si lo tienes; continúa con la habitación del fondo del primer piso y termina en la entrada de la casa y afuera de la casa, donde finalmente recoges la basura. La colocas en la bolsa de plástico y tiras esa basura fuera de tu casa, no dentro. Pones algún mantra que te guste y que esté sonando todo el tiempo. Si no tienes ninguno, pones los mantras en YouTube y los dejas sonar; al mismo tiempo vas rezando oraciones de tu infancia y religión. Vas por tu cubeta de hierbas, *sin colar*, y te dispones a trapear. Metes la jerga al agua y la exprimes poco, para que quede empapada del líquido. Trapeas toda tu casa generosamente, de dentro hacia fuera. Al terminar, sacas las hierbas de la cubeta y las pones en una bolsa de plástico; las tiras fuera de tu casa, no dentro. Lo mismo con el agua de la cubeta: sales a la calle y la tiras para que no entre a tu casa lo viejo, sino lo limpio y nuevo.

Como ya quedó fuera todo lo malo y negativo, tu casa está limpia con la ayuda de las hierbas astringentes que todo lavan y limpian. Ahora habrá que endulzar tu casa, para recibir amor, ternura, complicidad, fortuna y buena comunicación con todos.

ENDULZAR LA CASA Y LLENARLA DE BENDICIONES

Al día siguiente de haber trapeado con la mezcla de hierbas, vamos a realizar el cierre de la magia, para sellar y endulzar.

MATERIALES

- 1 olla grande
- Muchas flores de todos los colores, las más bonitas
- Claveles amarillos, rosas, rojos y blancos
- Margaritas amarillas
- 1 naranja partida en cuatro
- 1 mandarina partida en cuatro
- 1 chorrito grande de miel
- 1 chorrito de vainilla
- 1 cubeta
- 1 trapeador y jerga

Nota: Todo deberá usarse en cantidades nones, de esta manera la magia hará efecto.

PREPARACIÓN

Mientras preparas y realizas este ritual mágico, llama a todos los ángeles y arcángeles en voz alta, a todos tus benefactores, a Dios Padre y Diosa Madre; escucha música de mantras.

Pon la olla al fuego en la estufa con suficiente agua. Agrega todas las flores, naranja, mandarina, miel y vainilla; déjalas hervir a fuego lento (la buena alquimia sucede a fuego lento, con paciencia). Dejas enfriar y reposar, después cuelas (puedes enterrar las flores en la tierra, para regresárselas a la Madre Tierra, agradeciéndoles su servicio de amor). Vacías en la cubeta el líquido y empiezas a trapear de afuera hacia adentro. Lo que queremos es «meter» la buena vibra, la dulzura del amor y de la vida. Al terminar, puedes echar el agua en el escusado o en el fregadero, donde lavas la ropa.

Esta es una limpia sumamente completa. Requiere dedicación y entrega, pero vale la pena; de inmediato notarás el cambio de vibra en tu casa y habrá armonía, abundancia, y amor de tus seres queridos. Llegarán sin duda muchas bendiciones. Puedes hacerla en tu hogar, en la oficina o en el negocio.

LIMPIA PERSONAL

Introducción

La energía pesada o negativa tiende a alojarse en el cuerpo y representa la concentración espontánea de vibraciones de las que el cuerpo energético se carga durante el día, ya sea por pensamientos propios, malas actitudes o malos deseos de alguien más. Dicha energía pesada y de color negro dentro de nuestra aura es la responsable de los bloqueos de energía y el inicio de muchas enfermedades.

Puede ser alguna energía en el ambiente, fruto de la incomprensión, la enfermedad, los sentimientos de tristeza, envidia, ira; guerra, enajenación y delincuencia. O tal vez en tu interior hay cargas creadas por pensamientos y sentimientos impuros que frenan tu crecimiento espiritual. La obsesión, el miedo, las preocupaciones y la ira son la mejor fuente de energía pesada desde el interior. Y esto promueve la aparición del malestar, dolor y enfermedad.

En caso de que sientas agresión energética o mala vibra, habrá que poner debajo de la cama glifos sagrados como el «Om», los nombres de Dios, las letras sagradas del mantra «Om Namá Shivaya». También música con mantras y música de limpieza espiritual. Déjalo todo el día y la noche, hasta que desaparezca el síntoma. También puedes poner en tu buró la biblia de tu religión. Claro, la habitación donde duermes debe estar sellada y purificada siempre.

Los chakras se infectan o paralizan con la agresión psíquica y hay que limpiarlos. Ya sea con reiki, reiki karuna, reconexión (otro método de sanación); o con alguna otra técnica específica para abrir los chakras, como los cuencos de cuarzo, que abren cada chakra, o el caracol mexicano.

Una técnica de transmutación poderosa consiste en conectarse con el chakra del corazón y de la corona y bendecir al agresor, con amor y paz. De esa manera se proyectan energías doradas y rosadas, que no sólo protegen, sino que transmutan los pensamientos y las energías negativas en positivas. Al enviar una bendición a la persona que te ha ofendido la ofensa se transmuta, la persona se sentirá mejor y reaccionará positivamente hacia ti. De lo contrario, si tú respondes con enojo y la otra persona también reacciona de la misma manera, la pelea no tendrá fin. El odio engendra odio.

Ley del Ho'oponopono: es un método hawaiano de sanación que nos enseña a dejar ir los bloqueos y problemas que causan desequilibrio en nosotros mismos. Fue descubierta por el doctor Leen (Ihaleakala Hew Len), quien fue capaz de curar un pabellón entero de reclusos con desequilibrio mental sin siquiera ver a ninguno de ellos. Pidió los expedientes de estos criminales y durante un mes repitió la frase: «Lo siento, perdóname, gracias, te amo. Por aquello que haya sucedido en esta u otra vida que nos trajo como sociedad hasta este punto, pido perdón».

Tenemos que estar dispuestos a aceptar nuestro 50% de responsabilidad en el problema y aceptar la ayuda de la divinidad, para sanar y ser sanados. Para practicar esta técnica hay que conectar con nuestro niño interior y pedirle que se comunique con la divinidad y le diga: «Divinidad, limpia en mí lo que está contribuyendo a que aparezca este problema». Después hay que afirmar: «Lo siento, perdóname, gracias, te amo». Esta oración es muy poderosa y sana todo tu árbol genealógico:

> *Divino Creador Padre, Madre e Hijo todos uno, te pido perdón si yo, mi familia, mis parientes o mis antepasados te hemos ofendido a ti, a tu familia, a tus parientes o antepasados en pensamientos, palabras, actitudes o acciones, desde el comienzo de la creación de mi alma hasta el presente. Nosotros rogamos tu perdón. Permite que esto se limpie, purifique y libere, que corte todos los recuerdos, bloqueos, energías y vibraciones negativas, transmutando estas energías indeseables en pura luz. Hecho está, gracias padre que ya me escuchaste.*

Al hacer esto, estoy pidiendo a la divinidad que cancele programas (memorias) en mí para que ellos sean cancelados también en las otras personas. Estoy pidiendo sanar a mi niño interior para sanarme a mí mismo y a los demás.

I

LIMPIA TU SER DE ENERGÍAS PESADAS

Si te sientes muy cargado de energías negativas, atiborrado de impresiones externas que vas adquiriendo durante el día, por estrés, tráfico, problemas diarios en casa, oficina, con pareja o familia; por gente que te envidia o porque últimamente nada te sale bien y has empezado a enfermarte o a sufrir pequeños accidentes, entonces esta limpia te sentará de maravilla.

MATERIALES

- 1 ramo de limpia (lo compras en los mercados, con las hierberas)
- 1 cacerola grande con agua
- 1 cubeta
- 1 jícara o cuenco pequeño
- 1 colador

Nota: El ramo de limpia es un atado de hierbas que contiene todas las plantas astringentes, como romero, albahaca, pino, ruda, etc. Las hierbas astringentes tienen la propiedad de arrasar con las malas energías que se han pegado a tu cuerpo. La vibración de cada hierba es lo que te curará. Así de sabia es la Madre Tierra, que todo da a sus hijos; recuerda venerarla y tomarla en cuenta siempre.

PREPARACIÓN

Pones al fuego una cacerola grande con agua y le añades todo el ramo de limpia, lo dejas hervir. Notarás que se desprenderá toda la tintura de las hierbas y quedarán casi blancas; será entonces cuando apagues la lumbre. Cuelas el agua y viertes el líquido en la cubeta. Te vas a la regadera del baño con tu cubeta y la rellenas de agua calientita a tu gusto, de manera que se llene por completo. Te desnudas y poco a poco te vas echando, de cabeza a pies, con la ayuda de la jícara, todo el líquido. Ten la men-

te relajada y sé consciente y agradecido de la magnífica labor y la dedicación a la humanidad de estas benditas hierbas sanadoras; agradéceles desde el fondo de tu corazón y repite varias veces en voz alta: «gracias, gracias, gracias... Gracias». Sé consciente de que te están limpiando; siente cómo cae este líquido magnífico sobre tu cuerpo. Concéntrate en ello, ten la certeza de que quedarás limpio y sano. Enjuágate cuando termines. Para mejores resultados no te bañes con jabón hasta el día siguiente; permite que las hierbas continúen trabajando sobre ti el mayor tiempo posible. Lo ideal es devolver las hierbas a la Madre Tierra, ya sea en tu composta o depositándolas en la basura orgánica.

Puedes hacerlo una vez a la semana hasta notar total mejoría y sanación. Es conveniente hacerlo en martes o viernes, pues astrológicamente son los mejores días para hacer rituales.

II

QUÍTATE LO SALADO

¿Te has sentido «salado», que todo te sale mal y las calamidades llegan una tras otra? ¿No hay manera de levantar la economía y no logras conseguir trabajo o buena suerte? Esta sencilla pero poderosa receta te quitará de encima ese halo de «mala suerte» de tu aura y energía, limpiándote de manera total.

EL USO DE LA SAL EN LAS CULTURAS ANCESTRALES

Desde tiempos remotos, la sal ha sido un ingrediente indispensable para todo tipo de rituales. Los magos utilizaban sal para proteger sus herramientas, para deshacer maldiciones, para realizar una limpieza efectiva de sus espacios. En muchas culturas la sal se ha utilizado en rituales destinados a despejar y purificar la energía negativa. Las campanas de las iglesias se ungían con sal y agua para bendecirlas y bautizarlas antes de implorar a Dios que dispersara los malos espíritus mediante el poder de su potente sonido. Durante la celebración del bautismo se unge a los niños con sal para ahuyentar a los espíritus malignos. Se cree que el uso prolífico de la sal entre los cristianos tiene su origen entre los romanos, quienes utilizaban esta sustancia para ahuyentar a la negatividad. La costumbre de arrojar sal por encima del hombro izquierdo para prevenir la mala suerte es muy antigua. Existía la creencia de que el «mal» se encontraba en el lado izquierdo de nuestro cuerpo y la bondad en el lado derecho. Al arrojar la sal por encima del hombro izquierdo, ésta inmovilizaba a los espíritus malignos que estaban aguardando el momento propicio para hacer alguna maldad. Sus propiedades pueden ayudarnos a canalizar la energía hacia el interior de nuestro cuerpo y dentro de nuestro entorno doméstico. La sal no sólo sirve para realinear las nuevas energías, sino que, además, aumenta el caudal de energía etérea que fluye por nosotros y por nuestra casa.

MATERIALES

- 7 kilos de sal de mar (sal gruesa)
- 1 cubeta
- 1 imagen de San Expedito
- 1 vela amarilla
- Cerillos de madera
- Oración de San Expedito en papel

PREPARACIÓN

Pegas en la pared de la regadera la oración de San Expedito, porque la vas a leer. Prendes la vela amarilla y, ya desnudo, abres los siete kilos de sal de mar y los vacías en la cubeta. Concentrado y sin distracciones, con la conciencia de que la bendita y venerada sal limpiará todos tus males, viertes los siete kilos de sal de cabeza a pies, recibiendo una cascada mineral. Se recomienda que alguien te acompañe, para que se coloque arriba de tu cabeza, con la ayuda de un banco, y vaya vertiendo en ti la sal, poco a poco pero de manera constante. Tiene que ser alguien de corazón puro, que te quiera, no te envidie y te desee lo mejor. Si no hay nadie así, entonces tú mismo tendrás que vaciarte toda la sal encima. Mientras la estás vertiendo, rezas en voz alta la oración a San Expedito:

ORACIÓN A SAN EXPEDITO

San Expedito, bendito protector nuestro,
alabado por los que te necesitan en situaciones desesperadas,
honrado por el agradecimiento de aquellos
que te invocan por motivos muy urgentes;
por la intercesión de María Inmaculada,
te pedimos que alcances para nosotros
la bondad todo poderosa de Dios,
a fin de que así obtengamos hoy, y no otro día,
lo que con celeridad y en estos momentos tanto precisamos:
(aquí dices lo que deseas conseguir)
y que pedimos de la voluntad divina.
San Expedito, no consientas que las necesidades presentes
nos hagan desfallecer y causen agobios en nuestras vidas,
te pedimos que con presteza nos des tu valiosa ayuda
para que a la sombra de tu protección

recorramos felizmente el camino de la vida
hasta el día que podamos encontrarnos en el Cielo.
Amén.

Rezas el Salve y el Ave María. Haces la oración de San Expedito durante tres días seguidos, o nueve, si las necesidades son muy grandes y apremiantes, empezando el día en que viertes la sal (no es necesario usar la sal los tres días).

Al terminar abres la llave de la regadera para lavarte y que se empiece a deshacer la sal. Espera el tiempo necesario para que se deshaga y termine de irse por la coladera; no se te ocurra recogerla y tirarla a la basura, esto trae muy mala suerte. Una vez disuelta toda la sal, ahora sí puedes bañarte con jabón. Cuando termines apaga la vela amarilla sofocando el fuego (nunca soplando), volverás a encenderla los días subsecuentes a los que hagas el rezo.

Cuando hayas logrado tu cometido, recuerda ir a la iglesia a ver a San Expedito, lee su historia y llévale una veladora y ofrenda, un milagrito o algo que sientas que expresará tu agradecimiento. Recuerda que siempre hay que agradecer y tomar en cuenta a los seres que nos ayudan.

III

PROTEGE TU AURA DE PRESENCIAS SINIESTRAS

Este ritual me lo compartió mi amado amigo chamán don Mariano (que en paz descanse). Es muy efectivo y sencillo; te mantendrá protegido mientras duermes, al tiempo que irá limpiando tu aura y cuerpos sutiles.

MATERIALES

- 5 limones
- 1 cuchillo
- 1 recipiente transparente con agua
- 3 cucharadas soperas de sal marina (sal gruesa)
- 1 chorrito de vinagre blanco

PREPARACIÓN

A cada uno de los limones le haces una pequeña cruz sin llegar a la semilla, para que no se parta totalmente. Colocas la sal y el vinagre en el recipiente transparente con suficiente agua, y por último le pones los cinco limones con cruz. Lo colocas debajo de tu cama a la altura de tu cabeza, y lo dejas ahí permanentemente. Revísalo cada tres días y cuando notes que se ensució el agua, que se pudrieron los limones, que hay insectos, o bien, que tiene espuma, es porque está recogiendo la negatividad o la energía negativa que alguien te envió. Cambia inmediatamente todos los ingredientes por nuevos, lavando muy bien el recipiente. Hazlo continuamente hasta notar mejoría. Trata de tirar los limones podridos o viejos fuera de tu hogar.

IV

PURIFICA Y POTENCIA EL PODER DE TU AURA

La cerveza tiene la propiedad de sacar las malas energías y subir tus defensas; te ayuda a captar mejor los rayos del sol, para que nutran tu cuerpo. Comparto contigo un sencillo baño de cerveza para remover obstáculos y energías negativas.

MATERIALES

- 1 cerveza caguama

PREPARACIÓN

Desnudo en la regadera, te viertes desde la cabeza hasta los pies la cerveza tamaño caguama. Al terminar sólo te enjuagas con agua, hasta el día siguiente te bañas con jabón. Si estás en el mar, te echas la caguama y te enjuagas en el mar. La sal del mar es la mejor limpia que existe, así que no dudes en irte un fin de semana junto al mar y repetir el baño diario durante tres días. Te sentirás aliviado y nutrido desde dentro; tu aura aumentará y se verá más brillante.

V

ALIGERA TU ALMA CON SAL DE MAR

Te recomiendo ampliamente este baño, lo hago al menos una vez a la semana para mantenerme limpia de energías negativas que se van recogiendo durante el día. Es fácil y muy poderoso; lo notarás al instante, sintiéndote como si te quitaran toneladas de peso de encima. Compruébalo tú mismo.

MATERIALES

- 1 bolsa de sal marina
- 1 recipiente de plástico con tapa

PREPARACIÓN

Te recomiendo vaciar la bolsa de sal marina en un recipiente y tenerla a la mano siempre en el baño, cerca de la regadera. Cuando terminas de bañarte, aún mojado, tomas del recipiente de plástico un puño de sal y la tallas por el cuerpo. Toma todos los puños que necesites para limpiar todo tu cuerpo (menos el cabello), como si lo estuvieras exfoliando. Pon énfasis especial sobre la nuca y las corvas de los brazos y las rodillas. Al terminar te enjuagas con agua y te secas normalmente. Te sentirás ligero y muy relajado, será muy notorio el descanso y la limpia energética. Repítelo al menos una vez a la semana para mantener el efecto.

RITUALES CONTRA ENVIDIAS

Introducción

La envidia sucede cuando alguien se siente frustrado porque el otro tiene o es algo que él no tiene. Es un alma en pena; sufre por no tener «eso» que anhela. Te pueden envidiar porque eres guapo, por tener familia, hijos, pareja, trabajo, casa, coche, etc. En fin, siempre habrá alguien que te envidie.

Al contrario, cuando ya eres una persona despierta y evolucionada te da gusto que los demás progresen, porque quiere decir que, si él pudo, tú también vas a poder. Si buscas amor, por ejemplo, lo más lógico es que en lugar de salir con personas amargadas y soitarias, salgas y te acerques con las parejas más enamoradas, porque su energía lo atraerá para ti. Si quieres lograr trabajo, júntate con los exitosos laborales; siente cómo es su vibración y unifícate a ella, así conseguirás trabajo fácilmente. Recuerda que cada uno tiene una vibración, un tono.

Pongamos un ejemplo: supongamos que la persona cuya vida te gusta y quieres imitar es como una estación de radio. Tiene una frecuencia radial, es decir, tienes que cambiar la perilla de la radio para sintonizarte con su frecuencia de onda. Sube tu energía, sube tu sintonía, mimetízate con esa persona (eso no es vampirizar a alguien, sino subirte al nivel de su energía).

¿Qué significa que te ataquen psíquica o energéticamente?

Los ataques psíquicos se definen como la manipulación de las energías y fuerzas sobrenaturales. Ocurren cuando ciertas vibraciones energéticas oscuras y negativas son enviadas por un individuo o ser dimensional (no terrenal) a su víctima, para crear disturbios en su cuerpo energético y físico. Esta energía negativa puede ser enviada por un espíritu, una entidad, una forma de pensamiento o una energía negativa oscura. El ataque psíquico es enviado con la intención consciente de infligir daño a la víctima o a su familia. Estas energías negativas pueden llegar en forma de pensamiento, basadas principalmente en la envidia o los celos hacia la persona; ya sea por alguien conocido (como amigos, pareja o familiares), o alguna persona que la víctima no conozca.

Sentir una sensación de miedo y opresión es muy característico cuando alguien te está enviando su energía negativa por envidia, celos, etc. Puede suceder que algunas personas nunca sean capaces de darse cuenta claramente de lo que está sucediendo cuando alguien les envía esta mala energía. Únicamente tienen esa sensación de opresión y malestar general cuando se levantan, durante todo el día, o al intentar dormir. Haz caso a tu intuición y tus síntomas cuando te dicen que algo anda mal y que la vibración negativa que sientes no es tuya, sino que es enviada; de otra manera podrías tener años de mala salud y miseria.

En los ataques psíquicos, el miedo y la culpa abren agujeros en tu coraza mental, por donde se filtra la agresión. Así que, cuando te sientas agredido a nivel energético, no tengas miedo; al contrario, párate en tu centro fuertemente y asegura: «Dios conmigo, ¿quién contra mí?» Pide la protección de Dios-Diosa, de todos los maravillosos ángeles y arcángeles cuya función principal es protegernos y venir en nuestro auxilio. Siempre rodeándote de una burbuja de luz dorada, afirma en voz alta: «Sólo seres de altísima vibración de luz pueden hacer contacto conmigo». Realiza algunos de los rituales que aquí te ofrecemos, y entonces erradicarás fácilmente a tu agresor. Así que nada de miedo y culpa; échalos a tu basurero mental.

I

DEFIÉNDETE DE LA ENVIDIA Y DEL «MAL DE OJO»

Este ritual es sumamente sencillo y efectivo, gracias a las propiedades del carbón. No hay manera de que no funcione, ya que el carbón, por su composición, absorbe toda la negatividad y energía que no sean tuyas.

MATERIALES

- 1 bolsa grande de carbón natural vegetal
- 1 plato que no sea de plástico
- 1 bolsa de sal marina (sal gruesa)
- 4 bolsas de plástico medianas

PREPARACIÓN

Coloca en un plato tres cucharadas soperas de sal gruesa y añade los tres trozos de carbón vegetal. Coloca el plato debajo de tu cama, siempre debe estar a la altura de tu cabeza. Déjalo ahí por una semana completa y procura que nadie sepa que ahí está. El séptimo día, con la ayuda de una bolsa de plástico negra, recoge el carbón y la sal (no la toques, porque ya recogió la negatividad que te enviaron). Es importante que de inmediato tires esa bolsa en un basurero externo a tu casa. Repite el proceso una vez por semana durante un mes completo.

Quedarás completamente limpio de envidias y del «mal de ojo» que te hayan enviado; mejorará tu sueño, no tendrás pesadillas y tu cuerpo sanará.

II

ALEJA LAS ENVIDIAS CON ALUMBRE

La piedra de alumbre tiene múltiples aplicaciones mágicas. Según las leyendas, era la fuente de energía del continente perdido de Lemuria (en el océano Pacífico). Ha sido usada desde tiempos inmemoriales por culturas indígenas, y en África se usa para alejar el mal. Tiene el poder de limpiar y purificar. Sirve también para protegerte de fantasmas agresores y espíritus del bajo astral. Trae buena cosecha, aumenta la clientela. Sirve como amuleto protector del cuerpo etérico ante ataques de magia y para descubrir quién te quiere dañar. Elimina el insomnio y las pesadillas. Mejora la memoria, te hace más atractivo sexualmente y aumenta el placer (si metes una piedra grande de alumbre en la bañera, lograrás que regrese y te desee voluptuosamente). Erradica dolores. Si tu hijo padece de *bullying* en la escuela, coloca un pedacito de alumbre en alguna de sus prendas; lo protegerá de todo mal.

MATERIALES

- Varias piedras de alumbre (dependiendo de lo grande de tu casa, lo compras en los mercados, con las hierberas)

PREPARACIÓN

Coloca una piedra de alumbre en donde sientas que está más cargada la energía que te enviaron. En la sala, en tu cuarto, en el cuarto de tus hijos y en tu oficina. Cámbialas cada semana y entiérralas para devovlerlas a la Madre Tierra, quien te está haciendo este regalo: un mineral divino que te limpió. Agradécele su noble labor a la humanidad; ten conciencia de que tanto la Madre Tierra como el alumbre son seres vivos como tú y merecen todo tu amor y respeto.

III

LIMPIA TU CUERPO Y TU HOGAR DE LA MALA SUERTE

MATERIALES

- 1 olla grande
- 1 puño de piedra de alumbre
- 1 manojo de romero fresco
- 1 manojo de corteza de tila fresca
- 5 limones
- 1 esponja
- 1 cubeta
- 1 jícara o cuenco

PREPARACIÓN

Pones a hervir suficiente agua en la olla y agrégale el puño de piedra de alumbre hasta que se disuelva. Apagas la lumbre y la quitas de la hornilla; después le agregas a la olla el manojo de romero, el de corteza de tila fresca y el jugo de cinco limones. Tapas la olla con un trapo de tela y la dejas reposar. Cuando se haya enfriado, sin colar, viertes en una cubeta una porción del agua que ya herviste (para que posteriormente te bañes con ella). Con la ayuda de la esponja, lavas las puertas y ventanas de tu casa con esta mezcla, sobre todo la puerta de tu cuarto (por dentro y por fuera) y la de la entrada de tu casa. Cuando acabes, te llevas al baño la cubeta con el líquido que guardaste y le añades agua calientita a tu gusto, de menera que la llenes. Te metes a la regadera desnudo y viertes el líquido poco a poco de cabeza a pies, con la ayuda de la jícara. Al final sólo te enjuagas con agua. No uses jabón hasta el día siguiente, para que las propiedades de las hierbas y el alumbre sigan trabajando en ti.

IV

LAVA Y PROTEGE TU CUERPO CONTRA LA ENVIDIA

Las envidias, por desgracia, son parte de la vida cotidiana. Cuando son constantes y provenientes de varias personas a la vez, se cruzan las energías y desestabilizan a la persona a quien ha sido enviada esa mala vibra. Ya sea que afecten su negocio, dinero, salud o relación de pareja (depende de lo que le envidien). Las limpias energéticas son un gran apoyo para nuestro bienestar físico, el desbloqueo energético y la recuperación de nuestra esencia.

MATERIALES

- 3 huevos frescos y sin refrigerar
- Miel (la más pura que encuentres)
- 1 ramo de romero
- 1 ramo de albahaca
- Vinagre de manzana
- 2 ollas grandes con agua
- 2 cubetas grandes
- 1 jícara o cuenco pequeño

PREPARACIÓN

Al caer la tarde, cuando todavía haya luz, pones a hervir el ramo de romero en una olla grande con agua. Al mismo tiempo, en otra olla con agua pones al fuego el ramo de albahaca y también lo dejas hervir. Cuando hiervan ambas ollas apagas el fuego y las dejas reposar por 30 minutos sin tapa. Luego cuelas y vacías el contenido de ambas ollas en una cubeta. Te vas a la regadera con tu preparación de plantas, los huevos frescos, la miel, la jícara y el vinagre de manzana. Lavas los tres huevos con agua y jabón.

Te desnudas y te pasas el primer huevo por todo el cuerpo, frotando enérgicamente en pequeños círculos, de la cabeza a los pies, sobre todo la zona del cerebro y cerebelo. Frota con fuerza, no tengas miedo. Al terminar, partes el huevo y echas su contenido por el inodoro; la cáscara la tiras al bote de basura. Realiza lo mismo con el segundo y el tercer huevo (se utilizan tres huevos porque el primero sólo remueve las impurezas, el segundo empieza a sacarlas y el tercero barre las impurezas que hayan quedado; en ninguna limpia utilices únicamente un huevo porque dejarías a la persona «a medias»). Ahora úntate la cabeza con un chorro de miel y ve distribuyéndola generosamente por todo el cuerpo hasta los pies. Frota tu cuerpo gozando del momento y de las propiedades benditas de la miel amada. Después enjuaga la miel con agua (sin jabón, únicamente agua). Ahora, con la ayuda de una jícara, échate poco a poco la preparación de romero y albahaca de cabeza a pies. Al terminar, échate un chorrito de vinagre de manzana a la altura del cuello, para que baje por toda la columna... Unta también vinagre atrás de las orejas, en tus muñecas y manos, en las rodillas, las corvas, en los tobillos y en la planta de los pies. Deja que se absorba un poco; ya no te enjuagues ni eches jabón. Te sales de la regadera, secas tu cuerpo y te vistes con ropa limpia de algodón. Ve a dormir y descansa; por la mañana te bañas con jabón, como lo haces siempre.

Durante todo el proceso de la limpia pon música de mantras. Si no tienes puedes buscar «mantras de protección» en YouTube; déjalos sonar. Mientras haces este ritual, ten pensamientos amorosos hacia ti mismo, hacia la vida y aun hacia tus enemigos, deseándoles todo lo bueno; es la mejor manera de neutralizarlos.

V

AMULETO DE TURMALINA NEGRA

La turmalina negra es magnífica, poderosa y evolucionada; corta de raíz el estrés, el miedo y las angustias. Absorbe la negatividad no sólo de personas extrañas o ajenas, sino también la propia. Es recomendable llevar contigo una turmalina negra para evitar el «mal de ojo» del envidioso, ya sea al cuello o como pulsera en tu muñeca izquierda (el lado izquierdo es el que recibe). Restablece el equilibrio electroquímico del cuerpo, energiza el sistema circulatorio, nervioso, muscular e inmune, y limpia el bazo. En terapia física, colocada sobre los chakras, sacará la enfermedad (ya sea anímica, espiritual o física). Excelente para aquellas personas que padecen tendencias neuróticas, miedo, desorientación y negatividad.

Además de traer tu pulsera de turmalina negra en la muñeca izquierda (y lavarla con jabón diariamente cuando te bañes), también pon en la entrada de tu casa una piedra turmalina negra grande, para impedir que las personas envidiosas o amantes de lo ajeno entren a tu hogar. Lava esa piedra una vez a la semana con agua y jabón. Cuando ya sientas muy cargadas tu piedra y la pulsera, entiérralas durante una noche completa de luna llena. Al día siguiente deja que les dé el sol y estarán nuevamente energizadas y listas para brindarte toda su bendita y magnífica protección. Di la siguiente oración: «Gracias Madre Tierra, que todo nos das a través de tu sabia naturaleza. Amén».

RITUALES CONTRA ENEMIGOS

INTRODUCCIÓN

Existen personas que se vuelven tus enemigos en esta vida. Hay otros que traes desde vidas pasadas y que, como no resolvieron sus conflictos, siguen en tu contra en esta reencarnación. Los enemigos sin duda vienen a enseñarte algo; te sirven de espejo, porque «lo que te choca te checa». Así que esa persona que te irrita, o que saca lo peor de ti, justamente está haciéndote ver tus propios demonios para que los trabajes, así como tu tolerancia y la capacidad de afrontar los problemas desde otros ángulos.

Algunas veces tenemos «enemigos gratuitos» que nos odian por el simple hecho de que somos exitosos, o porque tenemos una pareja o un trabajo que ellos anhelan. O porque simplemente tenemos una personalidad o creencias —ya sean religiosas o políticas— que ellos no comparten. O los que creen que sólo los pobres son «buenas personas» y detestan a los que tienen un buen nivel de vida. Ese tipo de personas se alegrarán cuando caigas en desgracia, o cuando termines con tu pareja o te corran del trabajo. Por eso lo mejor es no contar mucho de tu vida personal, laboral ni económica, ya que a veces los amigos más cercanos y los que más te conocen son los que por las vueltas de la vida se vuelven tus peores enemigos: conocen muy claramente tus debilidades y se pueden aprovechar de ellas en tu contra.

Dice el dicho: «En boca cerrada, no entran moscas», y otro: «El pez por la boca muere». Así que es mejor no hablar de tus éxitos ni de tus intimidades con nadie. Muchas veces el enemigo se obsesiona contigo y te checa por redes sociales o pregunta e indaga y se enoja mucho más con tu indiferencia, porque lo que quiere en el fondo es tu atención. Lo mejor es pedir a Dios por esa persona para que llene su vacío, mandarle bendiciones pero, al mismo tiempo, salir de su alcance, desaparecer de su vista si puedes hacerlo.

Si tienes que verlo a diario por razones de trabajo o porque es un familiar, lo mejor es fingir demencia, es decir, hacer como que no ha pasado nada, saludarlo cordialmente y cruzar las menos palabras posibles con él o ella, siempre mostrando respeto. Así, dejará de obsesionarse contigo y buscará «otro puerquito» a quién molestar, porque lo más posible es que no tenga vida propia o que esté muy carente de seguridad personal. Cuando hay tanta inseguridad de su parte, se va a sentir agredido por cualquier cosa que digas o hagas, porque tu éxito y tu popularidad atentan contra sus limitaciones en esos aspectos.

No regreses la agresión, porque entonces no tendría fin la contienda y caerías en su trampa, saliéndote de tu centro, rasgando tu aura, herida por donde entraría su mala vibra. Pero tampoco permanezcas ahí para recibir su negatividad; apártate. Los siguientes rituales te ayudarán a quitar la mala energía que te envió tu enemigo. No le harás ningún daño, sólo regresarás a él lo que te haya enviado, siempre pidiéndole a Dios que lo ilumine y que llene sus carencias para que deje de molestar. Para pelear se necesitan dos personas, como en un juego de ping-pong. Así que no juegues a ese juego; salte de él lo antes posible y no caigas en provocaciones.

I

HECHIZO CONTRA ENEMIGOS

Realiza este hechizo para deshacerte de un enemigo o alguien que te tiene envidia. ¿Alguien sigue tus pasos para truncarte el éxito? Haz lo siguiente:

MATERIALES

- 1 frasco chico de comida para bebé
- Un poco de agua
- 1 foto de la persona en cuestión. De no tenerla, te sirve su firma o su letra. Como último recurso, utiliza un pedazo de papel y tinta roja para poner su nombre completo
- 1 pluma roja
- 1 pedazo de papel

PREPARACIÓN

Lavas el frasco, luego metes dentro la foto de la persona que te está molestando, su firma o su letra en un papel. Llenas tres cuartas partes del frasco con agua, y finalmente metes el frasco a tu congelador y ahí lo dejas indefinidamente.

Nota: Este sencillo hechizo sirve para que esa persona «se olvide de ti por completo». Es sumamente efectivo, verás que ni se acordará de ti, ni volteará a verte; o bien, no te lo encontrarás más. Ya no hablará de ti y cesará la pelea. Mantenlo en el refrigerador todo el tiempo que sea necesario. MUY IMPORTANTE: No le pasará nada malo a la persona a quien se lo hagas, simplemente dejará de importunarte porque se olvidará de ti.

II

BLOQUEA INFAMIAS Y CALUMNIAS

Debes vestirte con ropa clara y limpia; si te bañas antes, mucho mejor. No debes estar haciendo ninguna otra brujería en ese momento; al contrario, hay que limpiar tu mente de toda furia y ganas de venganza. Pídele a Dios que ilumine a tu contrincante, mándale mucha luz para su progreso espiritual y bendícelo. Esa, sin duda, es la mejor manera de deshacerte de un enemigo: pedir por él, que encuentre el trabajo, el dinero, la pareja o aquello que te envidia.

MATERIALES

- 1 imagen de San Ramón Nonato
- 1 bolita pequeña de cera de Campeche
- 1 candado pequeño
- 1 foto de tu enemigo, o bien, su nombre completo escrito en un papel con tinta roja
- 1 trozo de papel
- 1 pluma roja
- 1 vela roja
- Aceite de romero
- 1 vaso con agua
- 1 varita de incienso
- La oración de San Ramón Nonato

PREPARACIÓN

Este ritual deberá realizarse en luna menguante. Cuando baja la luna es el momento perfecto para deshacerte de algo que no quieres. Pones tu altar en un lugar seguro y resguardado, como tu cuarto, por ejemplo. Pones el vaso de agua y prendes el incienso.

Tomas la vela roja y la unges con nueve gotas del aceite de romero, mientras dices en voz alta:

> *Amado San Ramón Nonato, tú que por predicar la palabra de Dios llevas en la boca un candado como martirio, escucha mi oración y antecede por mí ante Dios, para que quienes hablan mal de mí cesen en su intento y esté yo protegido/a de toda palabra y mala intención. Que así sea... Amén.*

Enciendes la vela roja con cerillos de madera y la colocas en un plato. Debajo pones la foto de la persona que habla mal de ti y te difama; de no tenerla, pones su nombre completo en un papel con tinta roja. Colocas la imagen de San Ramón Nonato junto a la vela, después tapas la boca del santo con un poco de cera de Campeche. Enseguida colocas el candado sobre la cera para que se sujete firmemente. Y dices en voz alta, concentrado:

Yo (nombre y apellido completo), que vivo en (tu dirección completa) te pido, San Ramón Nonato, me defiendas de las habladurías y boca de (nombre completo de tu enemigo). Agradezco infinitamente tu ayuda incondicional, que nunca olvidaré.

Continúas:

ORACIÓN A SAN RAMÓN NONATO

Oh, glorioso San Ramón Nonato,
tú que por predicar la palabra de Dios
te impusieron como martirio
llevar un candado en la boca prendido,
escucha mi oración
e intercede ante Dios Padre
para que quienes hablan mal de mí
cesen en su intento y yo sea protegido
de toda palabra e intención mala y dañina...

Dios Todopoderoso,
que concediste a San Ramón Nonato
el ardiente deseo de liberar esclavos,
te pido por su intercesión
que me apartes siempre
de la esclavitud del pecado
que me separa de Ti,
y que pueda vivir en paz
y distanciado de todos aquellos
que me acechan y atormentan.

Que pueda estar alejado para siempre
de los enemigos que por envidia, maldad o rencor
me desean algún mal,
o quieren desprestigiarme con sus calumnias.

Dios Todopoderoso,
sé que Tú con tu gran bondad,
y por mediación de San Ramón Nonato
no dejarás desatendida mi petición,
te lo ruego por tu Hijo Jesucristo,
nuestro Señor,
que vive y reina contigo
en la unidad del Espíritu Santo
por los siglos de los siglos.

San Ramón Nonato, tú que estás tan cerca de Dios
ruégale por mis problemas,
que no me falte nunca tu protección y defensa,
que tu gloriosa mediación me asista
en todo mal momento y difícil situación.
Amén, amén, amén y amén.

Nota: Rezar tres Padre Nuestro, tres Ave María y tres Gloria. Para que esta oración sea más efectiva, hay que hacerla en conjunto, tres días seguidos.

¿Por qué se le pide a San Ramón Nonato?

Se le llama nonato (no-nacido) porque su madre murió instantes antes de dar a luz. Muy joven entró en la Congregación de Padres Mercedarios. Como entre los musulmanes estaba absolutamente prohibido hablar de la religión católica, y Ramón se dedicó a predicarla a sus compañeros de esclavitud, le dieron terribles tormentos hasta dejarlo casi muerto. Como seguía predicando, le amarraron la cara a una correa a la cual le echaron candado, y no lo abrían sino cuando iba a comer. Ramón enfermó de altísimas fiebres y murió en 1240. Apenas tenía 36 años. Es por esta razón que San Ramón ayuda a callar las bocas de los chismosos y malignos, ya que él sufrió divulgando la palabra de Dios.

III

CONSIGUE PAZ Y TRANQUILIDAD

Los enemigos suelen obsesionarse con la persona que odian; la piensan todo el día y le desean todo tipo de calamidades y «mal de ojo». Con esta efectiva receta tu enemigo se olvidará de ti y podrás vivir en paz.

MATERIALES

- 1 foto de la persona que te odia
- 1 espejo un poco más grande que la foto
- 1 paño negro o camiseta vieja (no usar ropa interior)

PREPARACIÓN

Colocas la foto frente al espejo, de manera que se refleje la imagen; así se le regresará toda la mala vibra que te envíe y no podrá dañarte). Envuelves a ambos en el paño negro y los colocas en un lugar oscuro y olvidado. Al mismo tiempo, toma otra fotografía, enróllala y hazle un nudo con hilo negro. Lo metes en un lugar pequeño y ajustado, puede ser en la oficina (si la persona que te afecta es de tu trabajo), en su casa (lo ideal) o en la tuya.

No le estás mandando ningún mal a la persona, porque eres mago blanco y sabes que todo el mal que envías se te regresa siete veces siete. Sólo quieres que regrese lo que esa persona hace o piensa y se olvide de ti, nada más.

IV

BLOQUEA A TUS ENEMIGOS CON HUMO Y CHILE

El sabroso chile tiene muchas propiedades mágicas. Como cuando muerdes un chile que pica mucho y no te lo puedes comer, así los entes negativos, las malas vibras astrales o fantasmas indeseables tampoco aguantan el picor del chile.

MATERIALES

- 1 sahumador
- 3 o 5 carbones instantáneos
- 1 cucurucho de chile de árbol seco
- 1 paliacate o trapo húmedo

PREPARACIÓN

Para quitarte de encima esas malas vibras, ya sea de enemigos que conozcas o de fantasmas o larvas etéricas que se te hayan pegado al cuerpo o a tu hogar; enciende un sahumador con carbón y, cuando esté al rojo vivo, le pones un manojo de chile de árbol seco (cubre tu boca con un paliacate mojado para que no te ahogues). Con puertas y ventanas cerradas, lo pasas por toda la casa, con movimiento de péndulo. Al final que alguien pase el sahumador cerca de todo tu cuerpo, siempre haciendo círculos y a veces soplando el humo para que te llegue directamente. Cuando termines pones el sahumador en medio de la casa u oficina y todos se salen a la calle. Regresas después de 40 minutos, abres todas las puertas y ventanas y tiras el sobrante de chile en la tierra, para devolverlo a la Madre Tierra.

V

VELA DE CHILE CONTRA ENVIDIAS

MATERIALES

- 1 vela café con chile
- 1 palillo de madera
- Cerillos de madera
- 1 cucharadita de aceite de oliva

PREPARACIÓN

Puedes comprar la vela café con el chile incrustado, o moler un poco y aceitar la vela para que se le adhiera el polvillo de chile. Con la ayuda del palillo, grabas el nombre completo de la persona que te envidia en la parte inferior de la vela, la enciendes y dejas que se consuma en el baño, para evitar algún accidente. El enemigo desaparecerá de tu vida y te dejará en paz.

RITUALES CONTRA VAMPIROS ENERGÉTICOS

Introducción

Tu atacante puede ser:

A. **Larva astral:** es un parásito del plano astral. Surge a partir de los pensamientos negativos y depresivos prolongados en una persona, creando sus propios parásitos. Son «entidades» que se van pegando a cuerpo y aura. Estos parásitos generan cuadros de obsesión y posesión, la atraen y se alimentan de las perturbaciones humanas y la vitalidad del cuerpo astral del afectado, quien ve aumentar sus problemas físicos o psíquicos. Estos se «pegan» a otras personas que tienen las mismas características de carácter o que conviven constantemente con dichas personas. También se pegan teniendo intimidad sexual con las personas infectadas con dichas larvas, ya que en el acto sexual intercambias y compartes los «karmas».

B. **Secta esotérica o brujeril:** Puede que alguien que te detesta o está despechado te haya mandado hacer algún trabajo de brujería, o quiera que accedas a su amor o capricho y te «embruja» para que caigas en sus redes. Si al descubrirlo entras en pánico, entonces él ganará y su hechizo tendrá efecto sobre ti. Pero si al contrario, te montas en tu poder, entras en oración y realizas los rituales necesarios para deshacerte de dicha energía, sanarás con seguridad. Pero no te paralices ni tengas miedo, porque es lo peor que puedes hacer.

C. **Vampiros psíquicos:** una persona se vuelve un vampiro energético porque no puede procesar la energía que la rodea; es decir, no sabe abastecerse energéticamente, reciclarse y llenarse a sí mismo. Ni siquiera sabe que tiene un alma inmortal y que tiene todo dentro de él mismo para lograr lo que quiera, así que busca energía ya digerida de los demás. Este parásito psicológico usa la energía mental, emocional y vital de los otros; se la come, porque cree y siente que sin ella morirá de inanición. Es un egocéntrico que exige la atención ajena. Generalmente tal persona no está consciente de cómo obtiene su energía.

Sólo se siente mejor cuando está cerca de individuos vitales, mientas que las personas que se le acercan terminan cansadas, enojadas y mejoran apenas se alejan.

CÓMO RECONOCERLOS

Los vampiros energéticos o «chupa energías» presentan una gran variedad de rasgos personales, así como patrones de comportamiento que suelen ser característicos de este tipo de personas. Los más comunes son aquellos que no paran de hablar y mientras tanto consumen tu energía. Algunos de ellos adoptan el estereotipo de «mosquita muerta» y a la larga demuestran que no tienen ningún escrúpulo; se valen de cualquier medio para lograr sus objetivos. Pueden parecer pasivos y reservados; ocultan cualquier inclinación al vampirismo energético, pero cuando la ocasión lo requiere, pueden ser muy agresivos e incluso intimidatorios. Se aprovechan de la vulnerabilidad de la otra persona y esperan el momento oportuno para atacar o manipular a la víctima elegida.

En el ámbito laboral, suelen ser personas con las que es muy difícil trabajar y cuyo rendimiento es muy dispar; a veces son altamente eficaces y otras totalmente inoperantes. Sin embargo, a pesar de los disfraces tras los que se ocultan, los vampiros psíquicos o chupa energías suelen ser personas inseguras y vulnerables. Si bien pueden adoptar un estilo autosuficiente, operan desde una posición de debilidad y no de poder.

Suelen ser personas que no toman conciencia de ellas mismas, pero son rápidas a la hora de emitir juicios sobre las personas que les rodean. Son individuos centrados en sí mismos y tratan a las demás personas de manera desconsiderada. Se caracterizan a menudo por quejarse de que el mundo es injusto con ellos. Sus relaciones personales suelen ser inestables. En resumen, se trata de personas inseguras y manipuladoras, con trastornos de la personalidad, con dificultad para controlar la ira, baja autoestima, y sentimientos de hostilidad reprimidos que estallan esporádicamente. Aquí encontrarás varios rituales y hechizos muy eficaces para deshacerte de los vampiros energéticos.

I

MANDA A VOLAR LAS AVES DE MAL AGÜERO

Si de pronto te sobrevuelan seres negativos como aves de mal agüero, que sólo hablan de calamidades y catástrofes; gente que no te trae nada bueno y chupa tu energía... esta receta es para ti.

MATERIALES

- 1 tazón transparente de vidrio
- 1 botella de agua mineral
- 1 huevo
- 1 vela o veladora blanca
- Cerillos de madera

PREPARACIÓN

Colocas el tazón con un huevo y un poco de agua mineral en tu altar. Prendes la vela o veladora blanca con cerillos de madera y dejas que se consuma. Al día siguiente tiras el agua mineral, y, con la ayuda de una cuchara, metes el huevo en una bolsa de plástico negra y la sacas de tu casa. Lavas el plato y remplazas el huevo y el agua mineral. Hazlo por tres días consecutivos y al terminar tiras el plato fuera de tu casa. Se apartarán las personas indeseables.

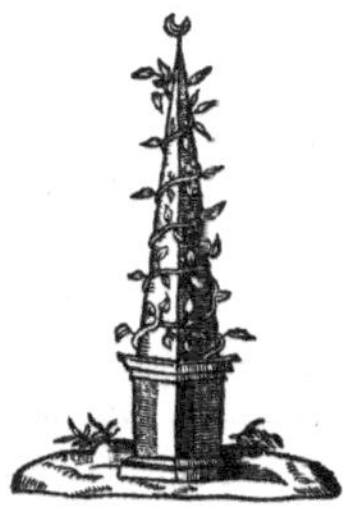

II

AHUYENTA VAMPIROS ENERGÉTICOS CON AJO

Tradicionalmente, se dice que el ajo ahuyenta a los vampiros energéticos. Es muy utilizado por las brujas *wicca* para realizar conjuros y hechizos que aumentan la fuerza, resistencia y protección, además de repeler el mal. Si tienes contigo un diente de ajo cuando viajas por agua, estás a salvo de ahogarte; por eso lo usaban los marineros y piratas. Poner un diente de ajo bajo la almohada de un niño mientras duerme lo protege del mal. En culturas antiguas, las novias llevaban dientes de ajo en su bolsillo para tener buena suerte y para evitar el mal en el día de su boda. Antes de la ciencia moderna, se creía que el ajo era mágico porque es eficaz en la lucha contra las bacterias, los hongos y los virus. Es un ingrediente esencial en las pociones de amor. Colgar una trenza de ajo sobre la puerta de tu dormitorio ayuda a atraer a un amante, por sus poderes afrodisiacos. Limpiar un cuchillo con jugo de ajo fresco puede permitir que éste se utilice contra las fuerzas oscuras en rituales de despojo y exorcismos.

Realiza esta receta para desterrar a los vampiros energéticos, envidiosos y embrujos que alguien esté haciendo contra ti.

MATERIALES

- 4 cabezas de ajo

PREPARACIÓN

Coloca una cabeza de ajo en cada esquina del cuarto (oficina o negocio). Déjala ahí todo el tiempo que necesites protección. Si ves que se pudre, le sale lama o se descompone, inmediatamente pones una nueva cabeza de ajos, porque significa que ya recogió el mal. Los ajos usados los tiras sin tocarlos con la ayuda de una bolsa de plástico, fuera de tu hogar.

III

TU ÁNGEL GUARDIÁN ALEJA LA OSCURIDAD

Tu ángel guardián ha estado contigo desde el momento en que fuiste concebido en el vientre materno. Su misión es ayudar a desarrollarte como ser humano y protegerte de todo mal. Pídele ayuda a tu ángel guardián; no lo tengas olvidado porque para él es muy importante trabajar en coordinación contigo, y que sepas y te acuerdes de que está a tu lado todos los días de tu vida. Este ritual te permitirá obtener la protección de tu ángel de la guarda contra vampiros energéticos y energías negativas.

MATERIALES

- 1 varita de incienso de copal o mirra
- 1 manojo grande de ruda
- 1 botellita de aceite esencial de rosas
- 1 olla grande con agua
- Cerillos de madera
- 1 jícara
- 1 cubeta

PREPARACIÓN

Pon al fuego la olla con agua y coloca en ella el manojo de ruda. Deja que hierva y suelte toda la tintura. Cuela y pasa el líquido a la cubeta. Llévala al baño y, ya desnudo, viértela poco a poco con la ayuda de la jícara, de cabeza a pies. Cuando termines te enjuagas sin jabón y te sales de la bañera; te secas y te pones ropa limpia de fibras naturales, de preferencia blanca. En la sala de tu casa o dormitorio, prendes la varita de incienso y la pones entre tus manos juntas, en posición de orar.

Di las siguientes palabras sagradas en voz alta.

> *Invoco tu presencia, mi ángel de la guarda, ángel de luz. Te agradezco profundamente, desde el fondo de mi alma y de mi ser, tu gran labor y amor incondicional desde siempre.*

Gracias, gracias, gracias, gracias, por cuidarme y acompañarme todos los días de mi vida, mi fiel e inseparable amigo de luz infinita. Recuérdame a través de señales que sean claras y visibles para mí, tu presencia magnífica y bondadosa. Hoy vengo a pedirte, mi adorada y amada criatura alada, que me ayudes a desterrar de mi aura y cercanía a las personas, vibras o entidades negativas que están ensuciando mi vibración y cuerpo etérico.

Te invoco, ángel de la guarda, a través del cielo y la tierra, del sol y la luna, ponme fuera del alcance de los espíritus malignos ahora mismo.

A través del humo de este incienso, te doy gracias.

¡Que así sea y que la unión y complicidad perfecta reine siempre entre tú y yo!

Amén, amén, amén y amén. Gracias, ángel de la guarda, que ya me escuchaste.

Haz este ritual y repítelo durante cuatro sábados seguidos, abriendo tu mente y agradeciendo todos los días las energías benefactoras de tu ángel de la guarda protector. Tus enemigos o vampiros energéticos se alejarán, o mejor aún, te pedirán perdón y la alegría de vivir volverá a tu corazón.

IV

RITUAL DE MIGUEL ARCÁNGEL CONTRA MALEFICIOS

MATERIALES

- Aceite de olivo
- 1 palangana de plástico grande con agua (donde quepan tus pies)
- Sal marina
- Café de grano
- 1 vela color azul (es el color de San Miguel arcángel)
- 1 incienso (el que te agrade)
- Cerillos de madera
- 1 imagen o estatuilla de San Miguel arcángel

PREPARACIÓN

Báñate con agua calientita y empieza a relajarte desde el baño, poniendo música clásica o cantos gregorianos para limpiar el espacio energético y elevar tu vibración. Cuando termines, te untas todo el cuerpo con aceite de olivo y te pones unos pants color claro. Descalzo, ve hacia donde tengas dispuesto tu altar, como siempre, con los cuatro elementos (Agua, Aire, Fuego y Tierra), y enciende la vela y el incienso con cerillos de madera. Coloca la imagen o estatuilla de San Miguel arcángel. Sigue escuchando la música, eleva aún más tu vibración mediante respiraciones profundas, trata de relajarte, concéntrate en lo que estás haciendo con toda devoción.

Pones una silla cerca del altar y a un lado la palangana de plástico con agua calientita a tu gusto. Le echas cinco puños de sal marina y cinco puños de café de grano (ambos con grandes poderes para sacar negatividad y energías destructivas). Metes tus pies descalzos y haces la oración de San Miguel arcángel:

Espíritu del Señor, Espíritu de Dios, Padre, Hijo y Espíritu Santo, Santísima Trinidad, Virgen Inmaculada, ángeles, arcángeles y santos del paraíso, desciendan sobre mí.

Fúndeme, Señor, modélame, lléname de ti, deseo ser instrumento de tu fe.

¡Expulsa de mí en este preciso momento todas las fuerzas del mal, aniquílalas, destrúyelas!, para que mi alma y cuerpo vuelvan a estar puros como en su origen.

¡Expulsa de mí en este preciso momento los maleficios, brujerías, magia negra, misas negras, hechizos, ataduras, maldiciones y mal de ojo; la infestación diabólica y la obsesión diabólica, vampiros energéticos y larvas; todo lo malo y dañino, pecado, envidia, celos y perfidia; enfermedad física, psíquica, moral, espiritual y diabólica! ¡Quema todos estos males en Fuego Transmutador, para que nunca más me toquen a mí ni a ninguna otra criatura en el mundo!

¡Ordeno y mando con la fuerza de Dios omnipotente, en nombre de Jesucristo Salvador, por intermedio de la Virgen Inmaculada, a todos los espíritus inmundos, a todas las presencias que me molestan, que me abandonen inmediatamente, que me abandonen definitivamente, que se vayan para siempre, custodiados por San Miguel arcángel, por San Gabriel, por San Rafael, por nuestros ángeles custodios, sean aplastados bajo el talón de la Virgen Santísima Inmaculada!

Deja tus pies dentro del agua al menos 20 minutos, mientras escuchas la música y sigues elevando tus peticiones y oraciones a Dios Padre-Madre y a San Miguel y todos sus ángeles. Al terminar, sacas los pies del agua y tiras esa agua fuera de tu hogar. Puedes hacer este ritual durante tres domingos seguidos, ya que el domingo es el rayo azul de San Miguel arcángel y atenderá más fácilmente tus peticiones. Toma una vitamina después del ritual, también toma un vaso de agua mineral de manantial, ya que perderás sales durante el proceso.

V

LOS ARCÁNGELES TE PROTEGEN CONTRA TODO MAL

MATERIALES

- 3 limones
- 3 naranjas
- 3 mandarinas
- 1 jabón de lavanda
- 13 gotas de aceite esencial de lavanda
- 1 tazón transparente de vidrio
- 1 exprimidor
- 1 esponja
- 1 crema de lavanda
- 1 veladora con vaso, de arcoíris (de todos los colores del arcoíris, para representar los siete rayos angelicales)
- 1 incienso de lavanda
- Cerillos de madera

PREPARACIÓN

Colocas en el tazón el jugo de los tres limones, mandarinas y naranjas. Te bañas con agua calientita y el jabón de lavanda, mientras escuchas música de Mozart, para subir tu vibración. Una vez que hayas terminado, aún desnudo en la regadera, empapas todo tu cuerpo con la esponja cargada del líquido de cítricos. Al terminar te enjuagas sólo con agua, sales de la regadera, te secas y aplicas crema de lavanda en todo el cuerpo y en la cara. Ya en la sala de tu casa o en tu dormitorio, prendes la veladora arcoíris y el incienso con cerillos de madera. Colocas cada uno de tus pies descalzos sobre un carbón grande y plano que absorberá toda la negatividad.

Haces la siguiente oración en voz alta:

ORACIÓN A LOS SANTOS ARCÁNGELES

A los santos arcángeles, ángel de mi guarda, arcángeles San Miguel, San Gabriel, San Rafael y los nueve coros de la corte celestial: abrasen mi corazón en amor a Dios y a su Santísima Madre, llénenme de su gloria y la salvación de mi alma. Comuníquenme su humildad y todas sus virtudes. Sean mis guardianes, consejeros y compañeros en el peregrinar por la vida hacia la eternidad. Alcáncenme del Señor la salud espiritual y corporal.

Rodéenme de buenas compañías. Defiéndanme de las asechanzas de mis enemigos. Soluciónenme todos mis asuntos. Ayúdenme a pagar todas mis deudas y a realizar mis trabajos. Remedien todas mis necesidades espirituales y materiales. Velen y guarden mi alma, mi cuerpo, mis propiedades y mi hogar. Asístanme en la hora de mi muerte.

Defiéndanme y sálvenme en la hora del Juicio, líbrenme de penas y acompañen mi alma al Cielo. ¡Ángeles del Cielo, con sus espadas defiéndanme y con sus alas protéjanme! (*Repítela tres veces.*)

Quédate al menos 20 minutos con los carbones en los pies, mientras escuchas a Mozart y agradeces a los arcángeles que vinieron a ayudarte. Cuando termines, toma los dos carbones con la ayuda de una bolsa de plástico (sin tocarlos) y tíralos afuera de tu casa.

RITUALES PARA LA UNIÓN FAMILIAR

INTRODUCCIÓN

Por algo nos tocó llegar a este planeta con nuestra familia, nada es por casualidad. Antes de cada encarnación, tu alma y espíritu (que es inmortal y es quien reencarna en diferentes cuerpos y encarnaciones) se reúne con sus Guías Espirituales para escoger en dónde y con qué familia será tu próxima vida, para venir a aprender la lección que necesitas y seguir evolucionando.

Cuando mueres, «los venerables ancianos de la junta kármica» junto con tus guías espirituales y tu alma, revisan tu última vida, lo que aprendiste en ella y lo que no, para saber cuál es el lugar más adecuado sobre la Tierra donde aprenderás las próximas lecciones en una nueva vida o encarnación. Así que recuerda: tú escoges a tus papás. Eso te quitará muchas culpas con tus hijos, ya que ellos te escogieron por ser perfecto para lo que vinieron a aprender.

Pueden ser «viejos amigos» con quienes uno ha tenido una conexión cercana en vidas pasadas; quizá sean miembros del mismo grupo de almas, quienes por afinidad o servicio para tu aprendizaje acceden a ser tus padres en cierta encarnación. Lo sabrás en una terapia de regresión a vidas pasadas, o puedes utilizar el tarot de vidas pasadas de Doreen Virtue y Brian L. Weiss para averiguar más sobre tus vidas previas y así darles solución a tus enigmas.

También planificas los sucesos esenciales que sucederán en esa vida y los «lugares de encuentro» donde conocerás a los demás integrantes de tu futura familia. Y finalmente, se escoge astrológicamente el momento exacto del nacimiento, para poder proveer las influencias planetarias correctas para esa próxima vida. Por ejemplo: si naces en marzo, bajo el signo de Aries cuyo planeta regente es Marte, ese planeta te dará las características de ser líder. Si naces en junio, bajo el signo de Géminis regido por el planeta Mercurio, entonces tu misión será informar a los demás. Por eso es importante realizarte tu carta astrológica, para saber cuál es la misión que te toca en la encarnación presente.

No solamente escoges las condiciones de nacimiento y de vida, sino que también escoges el momento de tu muerte y la manera en que vas a morir. Y todo esto está retratado fielmente en tu carta astrológica, si un buen astrólogo te la interpreta. Algo muy importante es que no puedes escapar a tu destino. No obstante, eres dueño de la manera en que vas a manejar ese destino y el tiempo que te tomará lograrlo; ese es tu libre albedrío.

Los papás que están esperando a un bebé, deben tomar en cuenta que el feto aun en el vientre de su madre siente y oye todo. Si el feto o bebé no se siente bienvenido al círculo familiar que lo recibe, entonces no tendrá la oportunidad de experimentar el amor que tanto desea sentir, ni por parte de sus padres ni por parte de una pareja.

En el momento del nacimiento, conforme el bebé abandona el aura de la madre (proceso que termina a los siete años de edad, pues hasta ese momento comparte aura con su madre) y se le corta el cordón umbilical, desde el éter le llega a ese infante la «Chispa Divina del Alma». Ésta le da energía al bebé y le inicia en su camino por la vida. El alma ha empezado a cumplir con su destino y las lecciones que deben ser aprendidas entran en acción.

Cada alma encarnada seguirá ahora su sendero individual a través de la vida, basándose en el guion previamente elegido. Los detalles y el resultado final (cómo vivirá esa nueva alma su vida, éxito, amor y felicidad) dependerán de las reacciones a los retos con los que se irá enfrentando. Para eso es el trabajo y el aprendizaje espiritual, para mejorar y evolucionar. Además, también puedes romper acuerdos hechos antes de tu nacimiento a través de una disciplina espiritual y de acciones basadas en la luminosidad del alma.

Puedes avanzar tanto como quieras cuando tienes conciencia de ello. Así que hay una gran responsabilidad al tener una familia, ya que son lazos seleccionados desde antes de tu nacimiento, y es ahí donde aprenderás las lecciones más importantes para tu evolución. Ojalá los siguientes rituales sean de ayuda para ti y que logres la unión familiar para tu más alto bien y el de toda la humanidad, amén.

I

RECONCILIA TUS LAZOS FAMILIARES

Consigue un árbol pequeño con maceta, de preferencia alguno que puedas trasplantar en tu jardín; si en tu hogar no tienes espacio, en algún parque o bosque cercano. Representará tu árbol de la vida y tu árbol genealógico.

Este ritual deberá realizarse en luna creciente.

MATERIALES

- 1 árbol pequeño con maceta
- 1 foto de cada miembro familiar que deseas unir
- Cabello de cada uno de los familiares que quieres unir (puedes tomarlo de su cepillo o peine; o bien, con su permiso, cortar un mechón delgado
- 1 vasito pequeño de vidrio transparente con miel
- 3 pedazos de carbón chicos
- 5 claveles rosas
- 5 claveles blancos
- Ganchitos pequeños de ropa
- 1 charola grande
- 1 trozo de papel aluminio

Colocas frente a ti la charola y sobre ella, en medio, colocas el árbol y le vas poniendo las fotos de todos tus familiares como si fueran esferas de navidad, con la ayuda de pequeños ganchitos de ropa. Alrededor del árbol pones el vasito pequeño con miel. Colocas dentro del papel aluminio el cabello de tus familiares y lo doblas hasta formar un paquete que pones cerquita de la miel. Colocas también los tres pedazos de carbón natural y los diez claveles sin tallo para que luzca hermoso.

Rezas con toda devoción en voz alta:

> *Señor, Dios nuestro, Tú nos has elegido*
> *para ser tus santos y tus hijos predilectos.*
> *Revístenos de sentimientos de misericordia,*
> *bondad, humildad, dulzura y paciencia*
> *para convivir en santa paz y union familiar.*
> *Ayúdanos a comprendernos mutuamente*
> *cuando tenemos algún motivo de queja.*

Lo mismo que Tú, Señor, nos has perdonado, ayúdanos a perdonarnos y que reine la concordia de día y de noche, para llevarnos bien, amarnos y respetarnos con humildad, misericordia y amor incondicional.

Sobre todo, danos esa caridad, que es vínculo fraternal familiar de perfección.

Que la paz de Cristo brille en nuestros corazones y encontremos apoyo en cada palabra y acción dentro del seno familiar sagrado, entre padres e hijos, así como con mi pareja.

Esa paz que debe reinar en la unidad de tu cuerpo místico.

Que todo cuando hagamos en palabras o en obras
sea en nombre del Señor Jesús, por quien sean dadas las gracias
a ti Dios Padre y Señor Nuestro, amén.

A través de este árbol que te doy de ofrenda como símbolo de mi familia, les pido a todos tus ángeles y arcángeles y a los ángeles guardianes de cada uno de mis seres queridos, que caminemos en paz y unión todos los días de nuestra vida, para nuestro más alto bien y el de toda la humanidad. Amén, amén, amén y amén.

Colocas el árbol en un lugar donde no sea muy visto, pero al mismo tiempo lleno de luz y belleza. Déjalo ahí hasta que logres la situación deseada. Cuando crezca el árbol, puedes conservarlo si tienes espacio, o bien, llevarlo a algún parque o bosque. En ese caso, al plantarlo pondrás la miel y el papel aluminio en la tierra, para que siempre cuide a tu familia y crezca y se fortalezca junto con él. Puedes ir a visitarlo de vez en cuando, recuerda regarlo cuando tengas oportunidad.

II

REFUERZA TUS LAZOS FAMILIARES

MATERIALES

- Pétalos de rosas rojas (los compras sueltos con los floristas del mercado)
- Pétalos de rosas color rosa
- 1 vela de miel (la compras con las hierberas, en el mercado, o fuera de las iglesias)
- Miel
- Canela en polvo
- Azúcar morena
- 1 veladora rosa (lo suficientemente grande para que dure siete días)
- 1 palillo de madera
- Cerillos de madera
- 1 platón redondo de aluminio, más o menos del tamaño de una pizza

PREPARACIÓN

Vas colocando los pétalos de las rosas alrededor del platón redondo; debes formar una espiral en el sentido de las manecillas del reloj. Tomas el palillo de madera y la vela de miel, y grabas en ella todos los nombres y fechas de nacimiento de aquellas personas que quieres unir. Igualmente en espiral, empezando donde marca las 12 un reloj imaginario y hacia las manecillas del reloj, vas echándole los pétalos donde está la vela de miel; también vas echando la miel, la canela en polvo y el azúcar morena. El platón debe quedar cubierto con todos los ingredientes. Después enciendes la vela. Como se consumirá muy rápido, enciendes la veladora y la pones fuera del platón. En cuanto se acabe la miel remplazas las velas y dejas que la última se consuma naturalmente.

Rezas en voz alta:

> *La bendición de Dios está en mi hogar. Estamos llenos del Santo Espíritu de amor, poder y dominio propio. En mi familia hay entendimiento, comunicación y comprensión. Estamos unidos por el poder de Jesús. Él tiene el primer lugar en esta casa. Él nos libera cuando hemos fallado. Su Palabra llena cada día de nuestras vidas. Yo tomo la responsabilidad de guiar a mis hijos en tu palabra, inculcándoles amor a Dios y respeto al prójimo.*
>
> *En el nombre de Jesús, esta familia controla sus emociones y únicamente salen de nuestras bocas palabras de amor y misericordia. No ofendo ni a mi cónyuge ni a mis hijos con mi lengua, y ellos me hablan siempre con dulzura. Mis hijos siempre dicen la verdad y no hay calumnias. Estamos contentos con lo que tenemos porque nada nos falta. Dios nos provee de casa, vestido y sustento a manos llenas.*
>
> *Mi familia está maravillosamente educada y la comprensión mutua es el regalo más grande con el que contamos; en él vivimos todos los días en santa paz. Mis hijos, pareja y familiares son trabajadores, independientes y solventes, y traen al hogar sustento y buena cosecha para compartir y enriquecer nuestras vidas. Estamos protegidos de todo mal, en perfecta salud y protección divina, sólo seres de altísima vibración en luz hacen contacto con este hogar y sus habitantes. Amén, amén, amén y amén.*

Coloca el recipiente en algún lugar de la casa por donde pasen todos. Cuando ya se hayan marchitado los pétalos regresa todos los ingredientes a la Madre Tierra, agradeciendo tanto a los ingredientes que te ayudaron como a Ella, que los recibe y los transforma en luz.

III

MEJORA LA RELACIÓN ENTRE PADRES E HIJOS

Este ritual propicia la buena comunicación y cooperación con sano entendimiento. Deshace las murallas entre la familia, desterrando las situaciones cargadas de enojo y resentimiento.

Deberá hacerse en luna creciente.

MATERIALES

- 9 claveles blancos
- Esencia de verbena, sándalo o canela (elige la que más te guste)
- 1 cuarzo blanco mediano
- 2 cuarzos rosas en forma de corazón (o tantos corazones como personas enfrentadas)
- 3 velas de miel natural (las encuentras con las hierberas, en el mercado, o fuera de las iglesias)
- 1 cirio blanco grueso y largo (que dure 9 días prendido)
- 9 carbones de encendido instantáneo
- Hierbas «siete potencias» (así las pides a las hierberas en el mercado)
- 1 cuenco grande de vidrio transparente con agua
- 1 papel pergamino
- 1 lápiz
- Cerillos de madera
- 1 sahumador pequeño de barro

PREPARACIÓN

Elabora tu altar con los cuatro elementos (Agua, Aire, Fuego y Tierra), adórnalo con un mantel blanco y coloca todos los materiales. Coloca los claveles cortados (sólo la flor) en un cuenco con agua (quedarán flotando). Debajo del cuenco irá el papel pergamino; ahí escribirás con lápiz los nombres completos y las fechas de nacimiento de las personas para quienes haces este ritual de unión. Es mucho mejor si pones en el altar sus fotos. A un lado del cuenco pones un cuarzo blanco (gran limpiador de energías negativas) y los corazones rosas de cuarzo (de alta vibración de amor). Pones en triángulo las velas de miel natural (dos en cada esquina inferior del altar y la otra al centro del borde superior). Las enciendes con cerillos de madera y las dejas arder hasta que se consuman solas. En el sahumador enciendes el carbón vegetal instantáneo y quemas las hierbas «siete potencias». Cuando ya se hayan quemado las velas de miel y las hierbas, las retiras del altar y, con la esencia elegida por ti, impregnas por todos lados la vela blanca, la colocas al centro del altar y dices tu petición en voz alta:

> *Señor, gracias por la familia que me diste, por el amor que nos une. Hoy te pido que sigas bendiciendo a cada uno, que abras caminos de paz, que des salida a los problemas que se presentan, confiando en tu poder para juntos vencer todo obstáculo.*
>
> *Señor, ayúdanos a estar unidos, que crezcamos en amor y comprensión unos con otros, en consideración y aprecio, en cuidado y respeto. Quita de nosotros toda raíz de amargura, que el perdón llene nuestro corazón, bendícenos con tu paz y tu bondad.*
>
> *Señor, hay momentos tan difíciles que no sabemos cómo afrontarlos, son situaciones que se escapan de lo que podemos hacer humanamente. Ten piedad de nosotros y obra en nuestro favor, cuida de los indefensos y protégelos, que sean guardados de todo mal. Te lo pedimos con todas las fuerzas del corazón en el nombre de Jesús. Amén, amén, amén y amén.*

Mantén intacto el altar durante nueve días, no cambies el agua. Será perfecto quemar las hierbas «siete potencias» diario hasta que termine el ritual. Si se acaba el cirio blanco puedes poner uno nuevo, impregnado con la esencia que prefieras (pon el cirio en un plato hondo con un poquito de agua para evitar accidentes).

En el noveno día, cuando hayas concluido el ritual, toma un clavel del recipiente y déjalo secar. Cuando esté seco, lo pones en una bolsita pequeña de tela natural a manera de amuleto, también el cuarzo blanco, los corazones rosas y el papel pergamino. Guardas todo en un cajón al que sólo tú tengas acceso. Cada luna creciente colocas el amuleto en tu pecho y vuelves a hacer la oración. La familia se unirá cada vez más.

IV

UNE A TU FAMILIA CON GALLETAS MÁGICAS

MATERIALES

- 1 platón circular grande
- Galletas en forma de muñequito (1 por cada miembro de la familia que desees unir)
- 1 duna muy delgada
- Betún blanco
- 1 veladora blanca (con vaso)
- 1 incienso de rosas
- Cerillos de madera
- 1 imagen de Santa Rita de Casia
- 1 imagen de la Santa Trinidad (Padre, Hijo y Espíritu Santo)
- 1 imagen o estatuilla de la Virgen

PREPARACIÓN

Pon música de cantos gregorianos mientras realizas el ritual, ya que su vibración es tan alta que armoniza el hogar y aumenta el amor y la concordia. Coloca el platón sobre la mesa donde todos comen, y alrededor de él una galleta de muñequito por cada miembro del hogar que deseas unir. Con la ayuda de la duna delgada y el betún blanco, le pondrás a cada galleta el nombre de uno de tus familiares. Prende la veladora y el incienso con cerillos de madera. Coloca las imágenes de Santa Rita de Casia, la Santa Trinidad y la Virgen.

Di la siguiente oración en voz alta:

> *Santa Rita de Casia, modelo de esposa y madre de familia; yo recurro a tu intercesión en los momentos más difíciles de mi vida. No encuentro el camino de salida para tantas y tan dolorosas situaciones que se están viviendo en mi hogar y familia. Consígueme del Señor la gracia que estoy necesitando, especialmente la serena confianza en Dios, la calma interior y la unión perfecta y amorosa de toda mi familia. Haz que yo imite tu dulce mansedumbre, tu fuerza en las pruebas y tu heroica caridad, y pide al Señor por mis seres queridos para que estemos unidos*

y felices en sana convivencia diaria; que se salven y puedan gozar de la vida eterna junto a ti y junto a Dios nuestro Señor.

¡Oh, Dios Padre! Mira con tu amor a nuestra familia. Mira, Señor, cómo tantas veces entra en ella la discordia, y cómo se aleja de nosotros la paz. Ten piedad de nosotros. Haz que retorne la paz ahora, que solamente Tú nos puedes conceder.

¡Oh, Dios Espíritu Santo! Amor que procedes del Padre y del Hijo. Fuente inagotable de gracia y de vida, te pido que toda mi familia sea bendecida por la potencia de tu luz, calor y paz.

¡Oh, Jesús, Rey de la Paz!, escucha por los méritos de María Santísima, reina de la paz, y por los méritos de tu sierva fiel, Santa Rita de Casia, que fue ejemplo de tanta caridad y dulzura, como un ángel de paz en medio de tantas discordias y venganzas, que supo perdonar a los asesinos de su marido y de sus hijos, y finalmente consiguió de ti la gracia de la paz para su familia entera y para toda su ciudad.

Querida Santa Rita, ruega por nosotros para obtener del Padre la gracia de la unión y el amor fraternal sin condiciones que te pedimos para nuestra familia, y para todas las familias en dificultad. ¡Que reine la paz en la familia hoy, mañana y siempre! Gracias, gracias, gracias, porque ya me han escuchado. Amén, amén, amén y amén.

Deja prendida la vela blanca y, cuando se haya consumido buena parte de ella y estén todos reunidos en el hogar, ofrécele a tus seres queridos la galleta con su nombre, para que se la coman o la guarden en su cuarto. Le comunicas a cada uno de ellos que la intención de esta galleta consagrada es unir a la familia. Cuando cada miembro de tu familia tome su galleta, le das un beso y un abrazo y le expresas tu amor. Se obrarán milagros. Cuando recibas los milagros, recuerda ir a agradecer a la iglesia los dones recibidos, y déjale una vela prendida a Santa Rita, a la Sagrada Trinidad, a la Virgen y a Dios mismo, en agradecimiento. Recuerda que hay que dar para recibir.

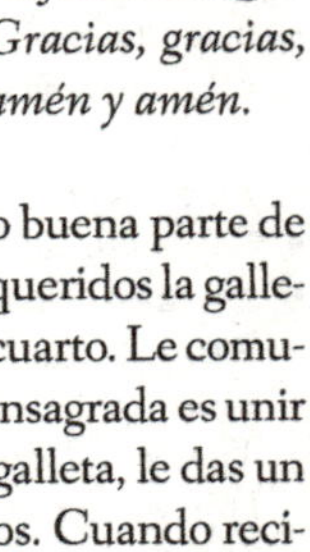

V

RECONCILIA A TU FAMILIA CON UN DULCE REGALO

MATERIALES

- Caramelos largos, como si fueran varitas mágicas (uno por cada miembro de la familia que desees unir)
- Listón verde
- Pluma o plumón delgado con tinta verde
- 1 imagen o estatuilla de San Judas Tadeo (patrón de los casos difíciles y desesperados)
- 1 vela verde
- 1 platito blanco de vidrio
- Cerillos de madera
- 1 incienso de copal

PREPARACIÓN

Enciende la vela verde con cerillos de madera. Colócala en el platito con el incienso y prende ambos. Coloca la imagen de San Judas Tadeo. A cada caramelo le escribirás con tinta verde el nombre de uno de los miembros de tu familia que deseas unir. Coloca entre tus manos los caramelos y átalos con el listón verde. En voz alta, di los nombres completos de los miembros de tu familia tres veces, siempre sujetando el atado de caramelos.

Y sigue en voz alta:

> *Yo (nombre completo), que vivo en (dirección completa), vengo a realizar en este día (fecha con año) mi petición de reconciliación y unión familiar.*
>
> *San Judas Tadeo, apóstol de Nuestro Señor Jesucristo, te pido con toda la fuerza de mi corazón que intercedas ante tu divino maestro, en favor de mi familia.*
>
> *En primer lugar, que su gracia embargue los corazones de mi esposo(a) y de mis hijos (o hermanos y papás, etc., segun sea el caso), que la unión entre nosotros sea obra tuya, santo apóstol; que mi paciencia alcance a comprender las pruebas que el Señor*

me envía. Muéstrame la mejor manera de recibir las alegrías con las que nuestro Padre nos premia.

Intercede, amado apóstol, para que el diálogo siempre esté presente en mi familia. Ruega conmigo para que la Sagrada Familia sea un ejemplo a seguir; que la paciencia y nobleza de San José sea nuestro horizonte, que la entereza y dulzura de la Virgen María ilumine mi hogar y que la obediencia de Jesús, Dios y Hombre verdadero, sean imitadas por mis hijos. Te pido, San Judas Tadeo, por la unión de (dices únicamente los nombres sin apellidos, incluyéndote), que nuestra relación sea tan dulce y unida como estos caramelos que consagro en tu nombre. Amén, amén, amén y amén.

Le soplas tres veces a los caramelos. Pídele a cada miembro de tu hogar que le sople tres veces al atado de caramelos para impregnarlos con su energía. Cuando lo hagan, diles con toda sinceridad el propósito de tu ritual: la unión familiar. Dale un abrazo y un beso a cada uno y exprésales tu amor. Si logras que vayan todos juntos a la iglesia a dejarle a San Judas Tadeo tu atado de caramelos, obtendrás muchos milagros. Si no es posible, ve tú a entregárselos, déjalos como ofrenda al santo y enciende una vela verde. Frente a él eleva tus plegarias, sin olvidar a Dios Padre, a Reina Madre y a los amados ángeles y arcángeles que siempre nos cuidan con amor incondicional.

Recuerda que el 28 de octubre es el día de San Judas Tadeo, para que vayas a visitarlo y agradecerle las bendiciones recibidas.

RITUALES PARA LOS ANCESTROS

Introducción

Es importante saber que perteneces a un karma familiar, compartes destino y enseñanza con tu familia. También compartes un karma con las parejas que has tenido en tu vida; algo debes aprender de ellos, por eso y para eso están juntos.

Cuando te tocan unos padres kármáticos, es decir, que sufriste en la relación con ellos, quiere decir que tú fuiste como ellos en otra vida; están ahí para que veas tus propios errores y los sanes con el poder del perdón. Si ahora eres la víctima es porque en otra vida fuiste el agresor, se está nivelando la balanza para que conozcas los dos lados de la moneda.

Todo está interconectado por la red electromagnética del universo, razón por la cual debemos arreglar nuestra pirámide familiar y árbol genealógico. Hay pactos de almas: tu karma, lógico, es el mismo que el de tu familia, formas parte integral de él. Lo más inteligente es empezar a sanar esos lazos ahora, hazlo por el adelanto espiritual de los que ya partieron; por los que están y los que vienen, para que la familia evolucione y se libere de cargas y karmas.

Te doy una oración muy poderosa para liberar a nuestros seres queridos, sanar y limpiar todos estos nudos kármicos que no nos permiten evolucionar. Abre tu corazón y date permiso de limpiar y perdonar a todos los seres vivientes de la Tierra, de todos los mundos y esferas del universo.

Oración para liberar los nudos kármicos de tu árbol genealógico

Pido perdón por todos los errores cometidos por mi línea familiar y árbol genealógico. Invoco con todo el poder que me fue conferido desde mi nacimiento a Dios Padre, y la energía crística, a la Virgen Madre, Reina del Cielo, para limpiar y sanar todos los errores de mi familia.

Que sean cortados de raíz en este momento todos los karmas de mi árbol genealógico, envuelvo en una potente burbuja de luz a mis antepasados.

Visualiza a tu familia entera, incluyendo a tus ancestros, y llénalos de luz. Con el poder de tu imaginación, pasa tus manos sobre ellos, limpia, mediante el poder de tu visualización, con jabón mágico imaginario todas las manchas oscuras que encuentres. Ahora toma un cuchillo, ya sea imaginario o real, y con el poder de tu imaginación corta los cordones que te impiden avanzar. Cuando hayas terminado, sigue la oración en voz alta:

Rompo, rasgo y destruyo todos los votos presentes, pasados y futuros de toda mi familia, para desterrar para siempre: la maldad, tristeza, pobreza, soledad, aislamiento, desamor, infortunio, rigidez, cristalización, enfermedad y maldición que no esté en el plan divino de mi padre Dios. Libero mi corazón y mi luz, la expando a los cuatro puntos cardinales, y limpio así mismo mi planeta, y la mente de todos los gobernantes del mundo, para que el paraíso perdido regrese a la Tierra, y sello para siempre las puertas del mal (visualiza una gran puerta negra que simboliza el mal, ciérrala con todo tu poder, séllala para siempre).

Yo decreto que soy hijo de la luz, y que quiero ser tomado de la mano del creador, para llevarme a puerto seguro. Hágase señor tu voluntad y no la mía. Así sea, así es, así será. Invoco la luz del Cristo interno, yo soy un canal claro y perfecto, y la luz es mi guía.

Nuestros ancestros pueden participar en nuestro plano existencial actual y ser una especie de ángeles guardianes para nosotros:

- Ejercen gran autoridad en mundos y esferas celestes, otorgando protección a la familia.
- Interceden antes los dioses para nuestro beneficio.
- Tienen la habilidad de comunicarse con los vivos mediante sueños y otras señales claras.

A continuación encontrarás varios rituales para ayudar a tus difuntos y también para pedirles ayuda.

I

DESPIDE A LOS SERES QUE SE HAN IDO

Cuando un ser querido ha fallecido, hay que ayudarlo a partir para que encuentre la luz fácilmente. Es un viaje de nueve días, en el que se irá desprendiendo poco a poco etéricamente. Recibirás muchas bendiciones por ello.

MATERIALES

- 1 foto del fallecido
- Flores blancas
- 3 velas o veladoras blancas
- 1 incienso de copal
- 1 altar adornado con una tela o mantel blanco; con ofrenda: la comida favorita del difunto, sus dulces y su bebida favorita; si fumaba, tabaco
- 1 gis blanco
- Cerillos de madera
- 1 campana
- 1 trapo húmedo

Nota: Todos los materiales y objetos del altar tienen que sumar números nones, para su efectividad.

PREPARACIÓN

Recién bañado y con ropa blanca, perfumado de flores o maderas naturales, colócate frente al altar con el mantel o trapo blanco que has dispuesto para tu ser querido que ha partido. Adórnalo con las tres velas o veladoras (representan a tu ser querido) encendidas con cerillos de madera y pon su foto junto a ellas. Ahora acomoda la ofrenda, puedes colocar cuarzos y representaciones de las deidades de tu fe. Prende el incienso con la vela. Éste será tu espacio sagrado para el ritual. Con el gis blanco, haz un círculo lo suficientemente grande en el piso, como para que dentro puedas estar tú y la mesa del altar. Hazlo situándote dentro del círculo, no fuera. Pon música de cuencos tibetanos; si no tienes, la encuentras en YouTube Importante: no salgas del círculo hasta terminar el ritual (por protección y que sólo lleguen seres de luz). Así que asegúrate de meter todos los utensilios y la oración que deberás decir en voz alta.

Toca la campana tres veces para avisarles a los seres de luz y a las deidades que vas a empezar tu ritual. Ahora invoca la protección de los cuatro puntos cardinales: «Invoco a los protectores de este lugar, a los protectores del Norte, Sur, Este y Oeste. Invoco a Dios Padre y Diosa Madre, Hijo y Espíritu Santo. A todos los ángeles y arcángeles les pido que vengan en mi protección. Pido a todos ustedes, el permiso para efectuar este ritual».

Ahora invocas a la diosa Anciana, guardiana de la vida y la muerte:

Invoco a la diosa oscura, la Anciana,
guardiana de las puertas de la vida y la muerte,
presencia mi rito, hónrame con tu presencia, bendita seas.
Estoy aquí, en este día y en esta hora bendita, para recordar a (dices el nombre del fallecido), nacido el (la fecha completa y año), y muerto el (fecha completa con año). Él/Ella partió hacia la tierra del verano eterno, donde ahora espera su renacimiento.

Meditas un momento, observando con amor la foto del ser querido.

En voz alta recuerda los momentos felices e importantes que vivieron juntos. Agradécele todo lo que te enseñó, perdónalo si hay algo que perdonar y pídele perdón si es el caso.

Medita sobre su viaje a través de la muerte, hacia la paz y el amor infinito, hacia el Dios-Diosa.

Dices en voz alta:

> *Esta tarde/noche quiero dar la despedida a (nombre completo del fallecido), quien ha iniciado el viaje de la vida hacia el más allá. Pido la presencia de mis ancestros, aquellos que partieron antes de este tiempo, para que estén conmigo, para que estén contigo y vengan por ti a través de este rito. Que te sientas felizmente acompañado por todos tus seres queridos que partieron antes de ti; que hoy te rodean con todo su amor y te ayudan con su energía a subir a la diestra del Padre-Madre Celestial. Yo llamo al Señor y a la Señora, a los elementales de la Tierra, Aire, Fuego y Agua, para que estén presentes en este rito.*
>
> *Llamo a todos los ángeles y arcángeles, querubines, tronos y potestades, Elohims, Budas y seres trascendidos, para que purifiquen tu cuerpo de cualquier mancha, y tu viaje sea magnífico, sagrado, bendecido y honrado por todos los seres de luz y la hermandad blanca. Que la luz de estas velas ilumine tu camino con la bendición del Señor y la Señora. La luz de nuestros antepasados está contigo, bendiciéndote y acompañándote en tu viaje al más allá.*
>
> *Te deseamos la mejor reencarnación y renacimiento, porque la muerte no existe.*
>
> *Que la Diosa te guíe hacia la tierra del eterno verano, en confianza perfecta y sin ningún temor. Que tu alma crezca grande y fuerte y que pueda aprender lo que necesite, vida tras vida, hasta que tu espíritu sea perfecto en amor y te fundas con Dios, la divina inteligencia, la luz sabia y perfecta. Recibe mi humilde ofrenda, estas viandas que son tus favoritas, para que degustes su esencia. Te ofrezco la energía de las flores para que tengas un buen viaje. Amén, amén, amén y amén. Luz y progreso para tu desarrollo espiritual, en todos los niveles, en todas las direcciones, en todos los mundos, dimensiones y reencarnaciones. Amén, amén, amén y amén.*

Luego dile lo que te salga de corazón, tómate todo el tiempo que desees. Come algo del altar.

En voz alta:

> *Agradezco a todas las divinidades que se sirvieron asistir a este ritual; luz y amor para ustedes, gracias por su maravillosa misión y amor incondicional. Luz y progreso para su camino espiritual. Gracias, gracias, gracias, gracias.*
>
> *Gracias a los guardianes del Norte, Sur, Este y Oeste, que se sirvieron acompañarnos en este ritual.*
>
> *Gracias a Dios Padre, Reina Madre y Espíritu Santo. Amén, amén, amén y amén.*

Tocas la campana tres veces para anunciar a las deidades que ya terminó el ritual. Abres el círculo con la mano o con ayuda de un trapo húmedo (borrándolo) y dejas que las velas se terminen. Ahora puedes salir del círculo.

Nota: Este ritual puedes hacerlo solo o en familia; en ese caso, el círculo de gis blanco tendrá que ser mucho más grande.

Tu ser querido te agradecerá enormemente esta ayuda espiritual, e iniciará su camino de nueve días, hasta llegar al bardo; al más allá. Por eso se hacen las novenas de oración y misas, porque es el tiempo que tarda el alma en desprenderse y es importante acompañarle esos nueve días con rezos, oraciones, misas y velas prendidas para que encuentre el camino hacia Dios.

II

PIDE AYUDA A TUS ANTEPASADOS

Los retos y pruebas de la vida cotidiana nos hacen dudar respecto a cuál es el mejor camino a seguir. Nuestros antepasados que ya fallecieron fungen como nuestros ángeles guardianes. No importa si no fueron tan buenos contigo en vida, ya que en el nivel evolutivo en el que se encuentran ahora, en esa dimensión, ven las cosas más claramente y saben que si te ayudan se ayudan a sí mismos y a todo el árbol genealógico. Ellos, que ya están más cerca de Dios, serán tus intermediarios para que tus oraciones y plegarias sean escuchadas. Este sencillo ritual y culto a nuestros ancestros es señal de respeto y veneración, y atrae la buena suerte a nuestra vida.

Realiza este ritual por la noche, antes de acostarte.

MATERIALES

- 1 espejo
- 1 vela morada
- Papel y lápiz
- Cerillos de madera

PREPARACIÓN

En un papel grande dibuja tu árbol genealógico y escribe los nombres de tus familiares, llegando hasta tus bisabuelos, por lo menos. Coloca sobre la mesa el espejo y a su lado la vela morada. Sitúa frente a ti el árbol genealógico recién confeccionado. Enciende la vela y el incienso con cerillos de madera.

En voz alta:

Pidiendo permiso primeramente a Dios mi Padre, para invocar a mis ancestros en este día y en esta hora. Yo (nombre y apellido completo), que vivo en (dirección completa), estoy pidiendo permiso al cielo para hacer contacto con mis antepasados.

Ahora te miras al espejo y solicitas la presencia de tus ancestros en voz alta:

Amados ancestros, los saludo con todo mi amor y reverencia, les muestro mi respeto, deseándoles luz y progreso para su adelanto espiritual. Deseando que estén en una mejor reencarnación o tránsito sublime, para desarrollar sus dones y perfeccionar el alma.

En este espejo, manifiéstense ante mí, amados ancestros...

Muéstrenme su guía y consejo en la situación en la que me encuentro (aquí dices la situación detallada y el tipo de ayuda que requieres).

Por los lazos que nos unen, por la sangre que compartimos, por el pasado en el que convivimos, les pido su pronta ayuda ahora mismo.

Es posible que surja un rostro o notes una presencia... Tras permanecer frente al espejo unos minutos contemplando tu imagen (o la de tu antepasado) y la luz de la vela escucha el mensaje que ellos tienen para ti; al terminar, te despides de ellos:

Les agradezco con todo mi corazón el haber acudido a esta cita de amor incondicional; los recordaré siempre y les envío luz, mi admiración y agradecimiento por ser parte de mi familia consanguínea. Amén, amén, amén y amén. Doy por cerrada esta sesión. Gracias, Padre, que me permitiste realizarla para mi más alto bien, y el de toda la humanidad.

Das tres golpes en la mesa, para avisar que ya has terminado. Apagas la vela sofocando el fuego (nunca soplándole) y recoges los restos del ritual. Vete a dormir inmediatamente después. Posiblemente los sueños te revelen justo lo que necesitas saber para tomar la mejor decisión. Al día siguiente te levantarás sabiendo exactamente qué hacer y tus ancestros seguirán ayudándote en el proceso.

LOS RITUALES SECRETOS DE KALA

Introducción

Mi muy querido y amadísimo lector, en este libro, y en especial en este capítulo VIP, te estoy abriendo mi «cofre de secretos mágicos» recogidos a través de muchos años, porque si tú adelantas mágica y espiritualmente, entonces yo también lo haré, porque todos somos Uno. No me estoy guardando nada, te lo estoy mostrando todo para agradecerte tu confianza durante toda mi carrera. Te presento lo que me ha funcionado en la vida diaria como mujer, profesionista y maga, para que hagas tu propia alquimia y un buen uso de este conocimiento magnífico, que te abre las puertas de todos los tesoros que puedas desear, tanto monetarios como amorosos y profesionales.

He aprendido que lo más importante es tener «una imaginación vasta y sueños apasionados» pues, en el momento en el que te imaginas en una cierta situación, todo el universo empieza a confabular para traértelo. Porque es un decreto, una orden desde el momento en que entra en tu cabeza y defines que eso es exactamente lo que quieres.

Te cuento que yo siempre he vivido en casas muy bonitas. Me encanta estar en mi casa y es también ahí donde trabajo; es donde paso la mayoría de las horas de mi vida. Hace muchos años me dije a mí misma: «Quiero un castillo», y empecé a caminar en círculos diciéndolo en voz alta, pensándome e imaginándome en él. Sostuve la idea por meses y un buen día, subiendo hacia el Desierto de los Leones, veo a lo lejos un castillo con colmena y todo, e inmediatamente mi corazón me dijo: «Ese es tu castillo». Llegué hasta la puerta del castillo y ¿qué crees, querido lector?, ¡estaba en renta! Al día siguiente di el anticipo y firmé el contrato; viví ahí 20 años de mi vida felizmente.

No me cabe ni la menor duda de que nuestra mente es el árbol de los deseos y que cuando ponemos una idea e imagen fija en nuestra mente, atraemos justo eso, donde ponemos nuestra atención. ¡Me ha pasado tantas veces que no puedo dudarlo!

Además, en cuanto te sucede la primera vez, ya no dejas de crear milagros, porque sabes que puedes lograr cualquier cosa que anhele tu corazón. Cuando Dios o la existencia ven que eso que pediste no te conviene, entonces te enviarán lo más adecuado para ti. Por eso, cuando pidas algo, siempre di al final: «Esto, o algo mucho mejor, se está cocinando para mí en este momento». Es muy importante que aprendas a pedir bien y ser muy específico. No te vaya a pasar como a una amiga que pidió «un hombre con el corazón abierto» y ¿qué crees?, le llegó un hombre con operación a corazón abierto que le abarcaba todo el pecho, ¡imagínate!

Otra amiga pidió un hombre que fuera como ella, francés-español, que tuviera rancho en Malinalco, y que tuviera una casa en Coyoacán con jardín. Le llegó el galán que pidió tal cual, con todas esas características, pero nunca estipuló la edad del galán y resultó que él tenía la edad de su mamá, o sea, no funcionó. Por eso, haz tu pedido con todo detalle. Tómate el tiempo para hacerlo, como cuando creas un cuadro desde la primera pincelada. Esmérate en los colores, en las sensaciones que te provoca involucrando todos tus sentidos: a qué huele, a qué sabe, cómo es y qué te platica... todo eso lo puedes imaginar con tu visualización creativa, como una película en la que tú eres el protagonista. Entonces, no habrá nada ni nadie que impida que llegue eso que tanto esperas.

No creas que pensándolo una vez basta; no. Recuerda que se va cocinando a fuego lento, como un embarazo; pero muchas veces, cuando ya tienes práctica, con sólo pedirlo una vez llega. Te deseo que logres muchos milagros y que tus deseos se vuelvan realidad, con la lámpara mágica de todo este conocimiento metafísico, mágico y espiritual. Bendiciones en tu camino.

EL AMOR LLEGARÁ A TU HABITACIÓN

Si quieres que te llegue un buen amor, tienes que hacerle espacio en tu cuarto. Él o ella necesitarán un lugar para sus pertenencias. Para esto desocupa al menos dos cajones y una cuarta parte de tu clóset; así como en el baño (si no es compartido con el resto de la familia), cuando menos lugar para su cepillo de dientes. Pon en tu mente la idea (visualízalo como si fuera real) de que tu amor ya llegó (porque todo hay que pensarlo y manejarlo en tiempo presente, como si ya estuviera hecho y no a futuro; así operan la magia y la metafísica). Visualiza qué tipo de pareja quieres: el color de su pelo, cuerpo, ojos, qué economía, por dónde vive, a qué se dedica, cómo es su relación contigo, qué planes tienen, cómo te hace el amor, si es guapo, si es honesto y fiel, etc. Entre más detalles imagines, mejor, porque justo así te llegará.

Lo mejor es escribir en un papel todos los detalles del físico y la personalidad de tu pareja, para que lo leas todos los días mientras lo visualizas. Al hacerlo tienes que sentir la alegría de ya tenerlo con todos tus sentidos: cómo se ve, cuál es su aroma, cómo te toca y hacen el amor, cuál es su sabor, qué cosas te dice. Siente cómo lo abrazas y lo besas, siente que embonas perfectamente en su cuerpo y que te ama y lo amas tal y como eres, y tal y como es él. Involucra todo tu cuerpo y «vibra» como si estuvieras viendo una película donde él y tú son los protagonistas. Al terminar de visualizar, cubres con una burbuja dorada ese pedido y la imagen de los dos; la lanzas al cielo, entregándosela a Dios y diciendo en voz alta:

> *Gracias, Padre, que ya me escuchaste. Hecho está, hecho está, hecho está. Amén, amén, amén y amén.*

Al tercer o cuarto día ya te sabrás de memoria la lista de cualidades que quieres de él o ella; entonces podrás aumentar cualidades y detalles adicionales. Hazlo diario y verás que funciona. Si tus amigos te preguntan si andas con alguien, contesta coqueto: «mmm, ya hay alguien por ahí...» ¿Para qué? Para que nadie te piense solo, sino con pareja, ¡eso es buena magia! Y mientras estás en el proceso ni se te ocurra decir que no hay buenos hombres o buenas mujeres, que es muy difícil tener pareja, que ya nadie quiere comprometerse, que todos ponen los cuernos. Jamás pronuncies esas palabras ni las escuches de otros, y si por casualidad lo haces, dices inmediatamente, chasqueando los dedos desde tu frente hasta el ombligo: «Cancelado, cancelado, cancelado»; mentalmente le pones un tache a esa imagen y la tiras, como si fuera el basurero de tu computadora. No deshagas con tu boca lo que quieres lograr con tu mente, recuérdalo. Así que haz «dieta mental»: nada de pensar ni decir cualquier cosa que invalide la «perfecta unión de los amantes».

Nota: No olvides comprarte ropa interior nueva y muy coqueta, y guardarla en tus cajones, porque lógico la necesitarás para ese amor... que ya llegó. Hecho está.

FENG SHUI PARA EL AMOR

Es muy importante que la decoración de tu recámara sugiera siempre la presencia de una pareja, y no de personas solas. Si los cuadros, adornos y esculturas que hay en tu recámara son de personajes solos, por ejemplo una mujer sola, una paloma sola, una montaña, un pájaro... le estás diciendo a la existencia y al universo que tu deseo es el de permanecer solo.

Entonces, para provocar un buen amor, es indispensable poner cuadros con elementos pares. Si vas a poner un adorno de palomas, por ejemplo, que sean dos palomas y no una. Si pones velas que sean dos; una vela de los enamorados abrazados será muy sugestiva. Dile adiós a tu cama individual y cámbiala por una matrimonial, para darle la entrada a un compañero o compañera.

Sobre la cama se recomienda poner dos cojines rojos y alguna cobijita o detalle del mismo color, para atraer la pasión.

Cuidado con las recámaras blancas, todas virginales; métele rojos para atraer el amor. Las recámaras color rosa sugieren el cuarto de una niña pequeña, y será difícil que entre la energía viril. Detalles en tonos rojos ayudarán, recuerda que en esta ocasión deberán ir en pares.

Coloca en tu recámara narcisos, flores de ciruelo, jacintos y orquídeas, para alimentar las relaciones sexuales.

- **Ramo de perejil:** Siempre debe haber un ramo de perejil en la cocina, en un vaso o recipiente con agua; de esa manera jamás faltará el dinero y la buena economía. Así lo hacían nuestras abuelas porque eran sabias y conocían estos secretos.

- **La estufa:** La cocina es «el corazón de la casa»; la estufa es el «fogón», y si no hay fogón encendido en una casa, «no hay hogar». Por lo tanto, deben funcionar las cuatro hornillas de tu estufa para que nunca falte calor de hogar, pareja y dinero. **Nota:** no guardes cosas dentro del horno, porque estancas el dinero; no lo uses de cajón o clóset, déjalo libre, para que fluya la energía. Úsalo para cocinar de vez en cuando, recuerda que el fogón (estufa) es lo que mantiene a la familia unida.

- **Focos y lámparas:** Todos los focos y lámparas de tu casa tienen que funcionar; que no estén fundidos. De esa manera nunca faltarán el dinero, la abundancia y la luz espiritual, así como el entendimiento entre la familia.

- **Baños:** Los baños tienen que estar en perfecto funcionamiento, sin goteos ni fugas de agua, ya que por ahí se va la suerte y la economía. Deben estar limpios y bonitos, con plantas. Lo que esté roto, repáralo cuanto antes. **Nota:** nunca dejes levantada la tapa del inodoro, porque se va toda la economía por ahí; siempre baja la tapa.

- **Floreros:** Coloca grandes floreros con hermosas flores (siempre naturales, nunca artificiales) en tu sala u oficina. El agua y las flores atraen el dinero y limpian las malas vibras.

- **Zonas muertas:** En todas las casas hay «zonas muertas»; es decir, rincones donde no pones nada, ya sea porque no los utilizas o porque la decoración dejó huecos inútiles. Es muy importante que habites esas zonas, que las actives al menos con luz de focos o lámparas, cuarzos, piedras bonitas y plantas. De esa manera no habrá «agujeros negros» en tu hogar por donde se vaya la suerte y la armonía.

- **Mugre:** Las malas vibras se esconden en la mugre, así que si quieres que tu hogar sea armonioso y te llegue buen trabajo, amor, dinero y salud, tu casa debe estar impecable. Limpia detrás de esos muebles y sillones que nunca mueves, limpia los marcos de los cuadros y las paredes. Ni se te ocurra tener «cuarto de cachivaches», porque ahí se atorará toda tu economía y bienestar. Nada de «cajas sin abrir». Que no haya objetos que bloqueen la entrada de tu casa, ni por dentro ni por fuera, porque estarías obstruyendo el «chi», la energía positiva.

FERTILIDAD

Si tu deseo es tener hijos, aquí te doy algunos tips muy útiles para lograrlo.

Si deseas tener hijos, pon orquídeas amarillas, rosas o rojas en un recipiente de barro o de terracota en el área suroeste de tu casa; o blancas o amarillas dentro de un recipiente de metal en el área oriente. Las orquídeas simbolizan al hombre perfecto, amor, belleza, cortesía y mucha descendencia.

Pinta la pared del área suroeste de tu recámara con un tono amarillo claro, el cual simboliza la maternidad. O pinta las paredes del oriente y noroeste de color blanco para la paternidad.

Quita toda planta enferma. No cortes árboles sanos, ya que simbolizan la protección de la figura paterna (apoyo y protección del padre). En la zona oeste y noroeste utiliza representaciones de elefantes con la trompa hacia arriba (de bronce, oro, cobre, pewter, plata u otros metales) para aumentar la fertilidad. Elefantes de madera en las aéreas del este, sureste y sur. Tócalos y frótalos regularmente.

Ubica fotografías que busquen incrementar la fertilidad. Las imágenes que guarden relación con la maternidad (madres y abuelas) se deben colocar en la parte suroeste del lugar. También puedes colocar arroz crudo en una vasija de barro con tapa para que crezca tu familia. Si deseas tener hijos, no decores tu casa con imágenes de tigres feroces, atacando o al acecho.

PROTECCIÓN AL RECIÉN NACIDO

La ubicación de la cama del bebé: sería ideal para el bebé varón dormir en un cuarto ubicado entre las zonas este y norte de la casa, mientras que la bebé mujer deberá dormir en un cuarto en la zona sur u oeste de la misma, para mantener una mejor salud y relación familiar. El mejor color para los pequeños es el blanco, relacionado con la creatividad; los colores brillantes son considerados demasiado estimulantes para ellos. Es muy importante siempre mantener el orden; el desorden innecesario podría bloquear la energía física, mental y creativa, y provocar desánimo y tristeza.

TIPS PARA ATRAER ABUNDANCIA

HAZTE AMIGO DEL DINERO

CÓMO GUARDAR EL DINERO EN TU CARTERA

Para que el dinero se multiplique, te rinda y atraiga abundancia a tu vida, hay que acomodar los billetes sin doblarlos ni arrugarlos, para decirle al cosmos que apreciamos este medio de abundancia. Acomódalos por nominación. Se recomienda que tengas un billete de un dólar, doblado en triángulo, que muestre la pirámide y el ojo de Dios; diseñado por los matemáticos de la geometría sagrada y cabalistas para atraer suerte y abundancia. La tintura con la que fue hecho el dólar es de malaquita, piedra muy sagrada que además de traer abundancia quita quistes y tumores si el mineral hace contacto directo con la piel. Tus monedas las puedes poner en un monedero rojo aparte de tu cartera, trae buena suerte. Cuando des dinero, dalo con la mano derecha, que es el lado por donde mandas energía. Y que el que toma el billete lo reciba con la mano izquierda, que es el lado del cuerpo por donde recibes energía, el lado del corazón. Al dar o recibir dinero di en voz alta lo siguiente: «Que se te multiplique y siga fluyendo». Verás que, de esta manera, nunca te faltará abundancia y la estarás multiplicando para todos.

Para que en tu casa siempre haya abundancia, sigue los siguientes consejos de la cábala:

- En el día del pago de tu sueldo, no debes gastar ni un solo peso y toda la suma recibida tiene que pasar al menos una noche en casa o en tu cuenta bancaria. Porque «dinero atrae dinero». Así que el mayor tiempo que pase en tu casa o cuenta bancaria, mucho mejor.

- Los ancianos sabios aconsejan conservar un mismo billete durante todo el año en la cartera, el que tú consideres que te trajo buena suerte. Este billete estará cargado con energía positiva, por lo tanto empezará a atraer más dinero hacia ti.

- Si se ponen a silbar en la habitación no recibirán dinero extra; tampoco si recogen migas de la mesa con la mano.

- Si le das pan y sal a alguien, tu suerte pasará a la familia de esa persona.

- Para que en casa siempre haya dinero, hay que poner la escoba con el mango hacia abajo.

- Es preferible pedir un aumento de sueldo al mediodía, porque es cuando el sol irradia su máxima energía.

- No prestes dinero los lunes, no pidas prestado los martes; tampoco devuelvas lo que se te prestó los viernes.

- Toma y presta en la mañana, porque cualquier manejo de dinero en la noche significa bancarrota.

- En general, trata de no pedir prestado. Es mejor prestar, así estarás programando el dinero para que siempre regrese a donde tú estás.

- En el bolsillo de la ropa donde guardas el dinero, ten siempre un billete o moneda. Por cierto, al dinero no le gustan los «bolsillos rotos».

- Tu billetera nunca debe estar vacía, tiene que haber por lo menos una moneda. Todos los billetes tienen que ponerse con la cara viendo hacia afuera, hacia donde esté su dueño.

- En la separación más chica de tu billetera pon un billete de un dólar o su equivalente doblado en forma de triángulo (que sea vea la imagen del triángulo original del dólar con el «ojo de Orus»).

- Conserva en tu billetera una «moneda feliz» de tu primer sueldo, o de una persona buena o de un trato exitoso. Esta moneda no debe ser gastada, ya que es tu «talismán», atrayente de dinero.

- El dinero obtenido en juegos, apuestas o de manera injusta, encontrado o regalado, no trae la felicidad y por lo tanto no tiene que conservarse por mucho tiempo; gástalo rápido o dónalo a la caridad.

- Para atraer clientes a un negocio, coloca un poco de albahaca en la caja registradora o en el marco de la puerta del negocio. También puedes traerla en los bolsillos para atraer riqueza.

- Lleva un billete de 100 dólares en la cartera. No lo gastes, traerá mucha abundancia.

- Límpiate los dedos con esencia de limón y cuenta cada billete que recibas impregnando con esta esencia, bendiciendo las manos de las cuales llegó a ti el dinero. Di en voz alta: «Yo bendigo las manos a través de las cuales llegó a mí este billete para que sea un vehículo de luz, amor y abundancia infinita».

- Pega una moneda de 10 pesos debajo del teléfono de tu oficina con cinta, para que te llamen los clientes y ganes dinero.

- Coloca un bambú en una maceta o en agua en casa, ya que asegura la abundancia y el dinero.

- Coloca detrás de la puerta principal una calcomanía de los 72 nombres de Dios en hebreo. Así jamás entrarán a tu casa los ladrones y los pillos.

- Da el diez por ciento (diezmo) de todo lo que recibes al mes como limosna o regálalo a quien más lo necesite; será la mejor manera de nivelar tus karmas y que nunca te falte el dinero. Además te aseguras de que recibirás ayuda cuando la necesites. Esta es una creencia que existe en todas las tradiciones y religiones. También puedes donar cuando hay desastres como terremotos, huracanes, inundaciones, etc.

Querido lector, te quiero compartir lo que me ha funcionado en mi vida diaria como maga, bruja, mujer y profesionista:

A. Tengo una caja de madera incrustada de cuarzos blancos y morados (me la hizo un alumno, tú puedes hacer la tuya) y ahí meto el dinero sin contarlo. Siempre tengo la certeza de que **«la caja está llena de dinero»**; no me cabe la menor duda. Por ello, aunque saco y meto dinero, siempre sigue llena la soprendente caja; es un milagro de verdad.

B. También me funciona muy bien que, cuando me acaban de pagar una lectura de tarot por ejemplo, siempre dejo ese dinero sobre la mesa de la sala donde leo el tarot, y lo pongo debajo de una pequeña pirámide roja que me regaló mi adorado amigo, el chamán don Marianito. Así **la mesa se va imantando de dinero**. Hasta que no me llega otro pago y lo pongo ahí, no retiro el anterior.

C. En cuanto se me estancan las ventas, baja el trabajo y la clientela, seguramente es porque viene mucha gente desesperada por falta de dinero a leerse las cartas o traen muchas situaciones de carencia y dejan esas energías en mi lugar de trabajo. De inmediato hago un **té cargado de canela**: hiervo la vaina de canela con agua. Ésta debe quedar muy cargada, la dejo enfriar, la cuelo y la pongo en un atomizador; luego lo echo por todo mi negocio, oficina y casa. Tampoco me faltan las manzanas rojas en números nones en mi hogar y oficina.

D. **Contra accidentes**, siempre traigo una pulsera de turquesa en el tobillo izquierdo. Ya que los tobillos son muy vulnerables, por ahí atacan los depredadores grises, vampiros y fantasmas. Por eso las mujeres hindús siempre traen pulseras en los tobillos. Así que puedes tatuarte un símbolo de protección o ponerte pulseras de turquesa o ámbar.

E. **Si te divorciaste o te separaste de una pareja y no quieres que vuelva,** y quieres que esa energía quede atrás para comenzar una nueva vida, tienes que cambiar de colchón lo antes posible, porque ahí está toda su energía. Si no quiere sacar sus cosas de los clósets o no se quiere ir, ve a la iglesia de San Ignacio de Loyola. Te llevas una botella de plástico vacía con tapa, para que la rellenes de agua bendita. Rocía toda su ropa, zapatos, libros, todo, con el agua de San Ignacio. Cuando yo lo hice diciendo palabras de amor como «ve con Dios y que encuentres tu camino de realización» no me funcionó. Entonces tuve que decir palabras fuertes y hasta groserías como: «lárgate ya de aquí, fuera de mi casa.»... eso sí que me funcionó, te lo paso al costo.

F. Siempre ten dulces en la sala de tu casa, porque **endulzarle la vida a los demás trae muchas bendiciones, abundancia y prosperidad.** Para que no te roben tu coche riega dulces en los asientos y coloca un guaje pequeño (es una creencia muy antigua y funciona).

G. No pongas en el suelo tu bolsa o portafolio porque se acaba el dinero. No pongas tu bolso o portafolio en la cama, porque **el dinero «se duerme»**.

H. Caminar descalzo por el pasto y la tierra es lo más sano y maravilloso que puedes hacer, ya que la madre tierra absorbe a través de las plantas de los pies todas las energías de baja frecuencia. También sustrae (muy importante para la salud) toda la electricidad que ha absorbido tu cuerpo por las interminables horas en la computadora, celulares y cables que están por toda tu casa y oficina. Abrázate a un árbol, si puedes descalzo mucho mejor, para amarlo primero que nada porque es un «abuelo sabio», y él te dirá muchos secretos sobre ti, sobre la vida y tu sobrevivencia. **Pasar tiempo al aire libre es tu pasaporte para la longevidad.** Si tus ojos no ven la luz del sol, se irá reblandeciendo la mácula y perdiendo visión. Así que sal al aire libre, aunque sea 20 minutos al día; no uses lentes de sol, no te vuelvas un robot.

I. Los celulares transmiten ondas de energía y electricidad sumamente dañinas para el cerebro. Está comprobado que causan severas alteraciones a los bebés y a los adultos. Así que **no te duermas con el celular cerca** de la cama, mucho menos conectado cerca de ti.

J. Cuando en ésta u otras vidas, consciente o inconscientemente, hemos hecho votos que deseamos romper, ya sea porque no logramos el amor, el trabajo, la abundancia deseada o **no encontramos «nuestro lugar en la vida»**, es muy importante ROMPER esos votos en voz alta (mientras lo haces, imagina que tienes un cuchillo espiritual en la mano, y corta los cordones que vayas viendo con la ayuda de tu imaginación y tu visión espiritual, corta todos los lazos, nudos, amarres y cordones que veas), después decretas en voz alta:

> *Yo cancelo todos los votos que hiciere en vidas pasadas o en esta vida de pobreza, limitación, carencia, soledad, sufrimiento, abandono, obediencia, que hice en nombre de Dios, en cualquiera de mis vidas pasadas, presentes y futuras en el tiempo no lineal. Pido perdón y me pido perdón por haberlo hecho. Y ahora mismo: rompo, anulo y destruyo, en este momento, yo, (nombre completo), que vivo en (dirección completa), con fecha de nacimiento (día mes y año), pido ahora la anulación de dichos votos, por la potestad que me ha dado mi Padre Dios desde el momento de mi nacimiento. Decido liberarme de ellos para disfrutar de libertad, libre albedrío, amor correspondido, abundancia material y espiritual en todos los días de mi vida y reencarnaciones subsecuentes. Amén, amén, amén y amén. Gracias Padre, que ya me escuchaste.*

K. K es la inicial de mi nombre, Kala, y con la K me despido, dándote el mejor consejo que puedo darte: la mejor limpia, el mejor trabajo brujeril y mágico, será el que tú te hagas a ti mismo. **Aprende a protegerte, limpiarte y ayudarte con los elementos de la naturaleza**; será mucho más efectivo que si acudes a hacerte limpias con brujos que nunca pondrán tanto empeño, cuidado, esmero e interés como tú.

Esta es una invitación a que te adentres más en el mundo espiritual. Toma cursos, medita, aprende, investiga, lee y, sobre todo, practica metafísica.

Te deseo lo mejor, querido lector; te agradezco infinitamente que hayas leído este libro. Espero que te traiga mucha luz, sanación y abastecimiento total de abundancia infinita. Son mis mejores deseos para ti, gracias por existir.

AGRADECIMIENTOS

Quiero agradecer primero a todos mis ángeles y arcángeles que trabajaron conmigo en este libro; a todos mis maestros, consejeros y aliados invisibles que me fueron dictando las palabras adecuadas.

Agradezco a los magos y magas, a los brujos y brujas de la antigüedad y de todos los tiempos, por los rituales y hechizos que nos han heredado, los cuales encontrarás en estas páginas.

Gracias a Karina Macias, que creyó en mí; fue el ángel terreno que me contactó para proponerme este libro, por parte de Grupo Planeta, a quienes agradezco infinitamente su confianza.

Agradezco a mi amiga y asistente Angelhic García, quien me ayudó a recopilar el material con gran intuición e interés, y ha sido parte integral del proceso de principio a fin. Mil gracias.

Gracias a mi amiga Luca Lucamendi, que es una «brujita urbana»; es decir, se le da de manera natural y ella me facilitó varias recetas que realiza en su vida diaria. Le agradezco que me haya confiado y compartido sus «recetas especiales», que son su tesoro.

Les agradezco a mis amigos y parientes la paciencia durante la elaboración de este libro, en el que no contesté ni llamadas, ni fui a invitaciones para poder concentrarme y dedicarme a él en cuerpo y alma.

Gracias a Pita Ojeda, gran mujer, empresaria, periodista, maga por naturaleza, por aceptar hacer el prólogo de este libro; mi agradecimiento y admiración para siempre.

Gracias a ti, mi adoradísimo lector, por tomarte el tiempo y tener las ganas de saber más y mejorar como ser humano. Te amo desde siempre, porque eres mi hermana humanidad. Bendiciones.

Y finalmente, me agradezco a mí misma por «crear» esta oportunidad de entrar en contacto con tantos lectores, nuevas almas afines que se irán sumando a los amores de mi corazón.